Louis Laloy

La musique chinoise

Essai

Le code de la propriété intellectuelle du 1er juillet 1992 interdit en effet expressément la photocopie à usage collectif sans autorisation des ayants droit. Or, cette pratique s'est généralisée dans les établissements d'enseignement supérieur, provoquant une baisse brutale des achats de livres et de revues, au point que la possibilité même pour les auteurs de créer des œuvres nouvelles et de les faire éditer correctement est aujourd'hui menacée. En application de la loi du 11 mars 1957, il est interdit de reproduire intégralement ou partiellement le présent ouvrage, sur quelque support que ce soit, sans autorisation de l'Éditeur ou du Centre Français d'Exploitation du Droit de Copie , 20, rue Grands Augustins, 75006 Paris.

ISBN : 978-2-37976-289-5

10 9 8 7 6 5 4 3 2 1

Louis Laloy

La musique chinoise

Essai

Table de Matières

I. LES SOURCES	7
II. LA DOCTRINE	9
III. LES DESTINS	19
IV. LE SYSTÈME	25
V. LA GAMME	33
VI. LES GAMMES NOUVELLES	36
VII. LES INSTRUMENTS	37
VIII. LA NOTATION	48
IX. MUSIQUE RELIGIEUSE	49
X. MUSIQUE DE CHAMBRE	53
XI. MUSIQUE POPULAIRE	57
XII. MUSIQUE DE THÉATRE	65
XIII. ESPOIR	70
ILLUSTRATIONS	72

I. LES SOURCES

La Chine, encore aujourd'hui, regarde les autres pays de l'Extrême-Orient, Annam, Japon et Corée, comme ses tributaires ; et ce n'est là une fiction que dans l'ordre politique : ces empires, aujourd'hui indépendants ou tombés sous une tutelle étrangère, ne lui rendent plus hommage, mais ils lui doivent encore un respect filial ; car c'est d'elle qu'ils ont reçu la civilisation. Elle leur a enseigné les règles de la morale, celles des arts, les principes du droit et de l'administration. Le bouddhisme lui-même, qui vient de l'Inde, n'a passé jusqu'à eux que sous sa forme chinoise. Et c'est la Chine encore qui leur a appris à écrire, donc à penser, car ses caractères idéographiques sont des mots, non des signes qui représentent des sons, comme les lettres de notre alphabet : dans toute l'Asie orientale, ceux qui savent lire, lisent en chinois. L'Empire du Milieu est le maître vénérable des peuples qui l'entourent.

Ce sont les élèves que nous avons connus et appréciés d'abord. Pendant tout le XIXe siècle, le Japon seul fut à la mode ; aujourd'hui nous découvrons enfin la Chine, et nous apprenons à distinguer sa simplicité souveraine de la recherche japonaise. Ce qui est vrai des bronzes, des porcelaines, des ivoires, des jades, des panneaux peints, des poèmes et des ouvrages de philosophie, ne l'est pas moins de la musique. Celle des Japonais raffine avec subtilité sur la musique chinoise : celle des Annamites n'en est qu'un écho qui se perd. Chez les uns et les autres, cet art est abandonné aux hasards, heureux ou malheureux, de la pratique. Seuls les Chinois en ont fait la théorie ; seuls ils en ont étudié les lois et les effets. D'où ce grand avantage pour nous, que nous ne sommes plus seulement en présence d'instruments et de notes, mais d'un système qui établit la relation de ces notes entre elles, et, ce qui est plus précieux encore, de commentaires qui nous indiquent le sens et l'emploi des mélodies qu'elles forment. Ce sont ces derniers témoignages qui doivent être recueillis en premier lieu ; une fois connu l'esprit de la musique chinoise, ni son système n'offrira plus rien d'aride, ni ses productions ne risqueront de rebuter ; sans doute, faute de l'éducation nécessaire, on ne retrouvera pas d'emblée, à les entendre, les impressions mêmes de ceux à qui elles se destinent ; du moins on aura l'idée de ces impressions ; et peut-être, avec un peu d'application et d'exercice, gagnera-t-on quelque chose de plus que l'idée. De même, le connaisseur en œuvres d'art commence par comprendre, et finit par sentir l'austère pureté d'un vase rituel, le néant philosophique de Lào-tzèu, la pitié de Kouān-Yīn.

Le premier ouvrage qui ait informé l'Europe de la musique chinoise a paru sous ce titre :

Mémoires sur la musique des Chinois tant anciens que modernes, par M. Amiot, missionnaire à Pékin. Paris, 1976 (VIe volume des *Mémoires concernant les Chinois*).

C'est un ouvrage précieux, aujourd'hui encore, à condition que l'on discute, un peu plus sévèrement que le Révérend Père, les autorités auxquelles il s'est fié : ce sont le traité de Tsăi-yŭ *Liŭ-liù tsīng yí* (1596) et la vaste compilation entreprise sur l'ordre de K'āng-hī avec ce titre : *Liŭ-liù tchèng yí* (1714-1778).

Les enseignements du P. Amiot ont été démarqués par Fétis, mais ont inspiré à Adrien de la Fage des considérations fort judicieuses, en son livre : *Histoire générale de la musique et de la danse* (Paris, 1844).

Des faits nouveaux n'ont été apportés à notre connaissance qu'à la fin du XIXe siècle, par ces travaux :

Chinese music, dans le catalogue de *L'Exposition universelle de Londres* en 1884. Londres, Clowes and son, 1884. Plusieurs airs notés.

J. A. von Aalst, *Chinese music,* Chang-Haï, Kelly and Walsh ; Londres, King and son, 1884. Succinct, mais précis. Plusieurs airs notés avec leur texte.

A. C. Moule. *Chinese musical instruments,* dans le *Journal of the North-China branch of the Royal Asiatic Society..* XXXIX (1908). Dénombrement complet de tous les instruments usités dans l'Empire, avec leurs noms, leur accord et leur emploi.

On a utilisé, pour le présent livre, outre ces ouvrages, les suivants :

Siû Ts'īng-chān k'în poù (Méthode de luth). Recueil, d'airs notés avec préface et commentaires, 1673.

K'în hiŏ joù mênn (Introduction à l'étude du luth), 1881.

Wán chéou k'iû kō yŏ (Chants du palais impérial). Paroles et musique, 1791.

Ná choū îng wâng tsĭ (Recueil de chansons populaires). Paroles et musique, 1792.

Eûl yà (Encyclopédie). Edition de 1897.

Li ki (Mémorial des Rites). Texte conforme à l'édition donnée sous K'āng-Hī.

Sēu-mà Ts'iên cheù kì (Mémoires historiques). Texte conforme à l'édition donnée sous K'iên-lông.

Seú Choū (les quatre livres classiques). Texte correct, avec le commentaire de *Tchoū-hī*.

Youĕ ngeōu (Chansons cantonaises). Texte sans musique, 1828.

Le *Mémorial des Rites* et les *Quatre livres* ont été traduits à plusieurs reprises dans les langues européennes. Les *Mémoires historiques de Se-ma Ts'ien* viennent de l'être, sous ce titre :

Les Mémoires historiques de Se-ma Ts'ien, traduits et annotés par Édouard Chavannes, professeur au Collège de France. Les trois premiers volumes parus ; Paris, Leroux, 1897-99. Cette traduction accompagnée d'importants commentaires est un monument de science et de critique, et l'auteur du présent livre lui est redevable de beaucoup.

Les chansons cantonaises ont été traduites aussi :

Cantonese love-songs, translated with introduction and notes by Cecil Clementi, M. A. ; Oxford, Clarendon Press, 1901. C'est une fort belle édition, avec introduction, texte, traduction, notes et lexique. Par son secours, aucune obscurité ne subsiste en ces poèmes dont le dialecte n'est pas sans difficultés.

*
* *

II. LA DOCTRINE

C'est le *Li ki*, ou *Mémorial des Rites*, qui expose la doctrine officielle de la Chine sur la musique. Le chapitre qui concerne cet art, et dont le titre est *Mémorial de la musique (Yŏ kì)*, a été introduit dans le recueil à une époque assez tardive, que la critique chinoise fixe au premier siècle avant notre ère, mais la rédaction en est beaucoup plus ancienne. En voici le début :

« Si une note se produit, c'est dans le cœur humain qu'elle a pris naissance. Si le cœur humain est ému, c'est par l'action des objets. Sous l'impression des objets, il s'émeut, et son émotion se manifeste par des sons. Les sons se répondent entre eux, ce qui donne lieu à des différences. C'est lorsqu'ils présentent ces différences qu'ils prennent le nom de notes.

La musique est donc le langage naturel du sentiment. Et le sentiment lui-même a une cause qui n'est pas en nous. Selon la remarque d'un commentateur, le mot d'objet désigne ici toute « circonstance extérieure » ; et on lit, un peu plus loin, dans l'ouvrage, ces aphorismes :

« L'homme naît dans l'état de repos ; telle est sa condition originelle. Sous l'impression des objets, il s'émeut : de là ses aspirations naturelles.

Ainsi le sentiment exprime la relation de la conscience avec l'univers, du sujet avec l'objet, du moi avec le non-moi. Le son est le signe de cette relation. Mais le son n'appartient pas encore à la musique : elle demande des notes, c'est-à-dire des sons différents. Un autre commentateur du texte cite en exemple les cinq notes de la gamme chinoise.

« Mélangées entre elles, dit-il, elles prennent le nom de notes. Émises isolément, elles portent celui de sons.

En effet, ce qui définit une note, c'est son degré de hauteur, et ce degré ne peut être évalué que par comparaison.

Le son qui manifeste le sentiment humain est celui de la voix. La musique a commencé par le chant. Mais ce n'est là qu'une origine théorique. Dans la pratique, le chant s'accompagne d'instruments ; en outre, les mouvements de la danse répondent à ceux de la mélodie.

« En adaptant les notes aux instruments de musique, et en y ajoutant les boucliers et les haches, les plumes et les bannières, on obtient ce qu'on appelle la musique.

Les boucliers et les haches sont les accessoires de la danse guerrière ; les plumes et les bannières, ceux de la danse pacifique. A la fin du traité, on nous montre comment ces divers éléments sont devenus l'un après l'autre nécessaires :

« Dans la joie, l'homme prononce des paroles. Ces paroles ne suffisant pas, il les prolonge. Les paroles prolongées ne suffisant pas, il les module. Les paroles modulées ne suffisant pas, sans même qu'il s'en aperçoive ses mains font des gestes et ses pieds bondissent.

Ainsi se retrouve en Chine cette trinité des arts musicaux, poésie, musique et danse, qui fut en Grèce aussi un article de foi. Ici l'union est plus étroite encore : ce n'est pas pour satisfaire à des conditions de beauté, c'est d'instinct que l'homme, dans ce transport joyeux qui accompagne tout sentiment fort, écoute ses propres paroles, en prolonge le son, en fait un chant, dont le rythme s'impose à son corps.

Toute musique est émotion. Toute musique est donc émouvante. Un commentateur en fait la remarque :

« D'une part, le cœur humain excite la musique, dont les sons naissent en raison de son action ; d'autre part, la musique excite le cœur humain, dont les dispositions changent conformément aux sons musicaux.

Il résulte de là que la musique a des effets irrésistibles. Comme les anciens Grecs, les Chinois estiment que ces effets peuvent être prévus à l'avance, étant déterminés par le style et ses procédés. Il y a une musique qui inspire la vertu, et une musique qui corrompt les mœurs. Telle partie du *Livre des Vers* doit être chantée par les magnanimes ; telle autre convient mieux aux purs, et les modestes se trouveront bien d'une troisième. Chaque instrument a son caractère : les cloches sont guerrières, les pierres sonores héroïques, les cordes austères, les instruments à vent donnent l'idée de l'ampleur et de la multitude, les tambours évoquent l'élan d'une foule. Les notes de la gamme elles-mêmes ont leurs propriétés : la première est noble ; la seconde est vile, aussi certains airs de musique religieuse n'en font-ils pas emploi.

Ce sont là, semble-t-il, des puérilités. Mais on en rencontre de toutes pareilles chez Platon et Aristote, qui l'un et l'autre se demandent lesquels, parmi les modes de leur musique, sont les plus capables de faire naître les bons sentiments. Il est certainement impossible aujourd'hui qu'une œuvre laisse, à quelques centaines d'auditeurs, la même impression : ce que nous appelons société n'est en effet qu'un assemblage fortuit, où les hommes se coudoient sans nulle communion de culture ni de foi. Mais, en des sociétés liées comme celles de la Chine ancienne ou des cités grecques, l'émotion peut se prévoir unanime, et il n'est pas absurde de chercher à en déterminer d'avance la direction générale.

C'est un précieux moyen de gouvernement, qu'un art qui dispose à son gré des cœurs. On s'en est avisé en Asie comme en Europe. La Grèce a l'esprit démocratique : les philosophes politiques y réclament, et, dans certaines cités, comme à Sparte, les magistrats appliquent en effet des lois sur la composition musicale, auxquelles tous, artistes et amateurs, sont soumis. Dans la Chine, théocratique et patriarcale, la musique n'est pas d'initiative privée ; c'est une institution ; le chef de l'État octroie à son peuple une musique, dont il est l'auteur ou qu'on rédige sur ses indications.

L'empereur Yaô a créé une musique qui se nommait *T'aí tchāng* (grand éclat) ; Hoâng-tí a attaché son nom à la musique *Hiên tch'eû* (bienfait universel), et Chouénn a laissé la musique *Chaô* (concorde), qui existait encore au temps de Confucius, si belle que le philosophe, l'ayant entendue dans le royaume de Ts'î, resta, au témoignage du *Liûn-Yù*, « trois mois sans connaître le goût de la nourriture ». Après ces trois souverains légendaires, Yù, fondateur de la dynastie des Hiá (vers le XXIIe ou le XXe siècle avant notre ère) a donné ce nom à sa musique ; celle des Yīn (du XVIIIe au XIIe siècle) se nomme *Tá hoú* (grande protection), celle des Tchéoū (du XIIe au IXe), *Tá où* (grand courage). Tous les hymnes qui se trouvent dans le *Livre des Vers* passent pour être l'œuvre des anciens rois.

« Ils en ont, dit le *Mémorial,* disposé les sons par principe. Ils ont fait en sorte qu'ils fussent suffisants pour donner la joie, mais sans licence ; que les paroles fussent suffisantes pour exprimer le sens, mais sans prolixité : que les strophes et les divisions, la multiplicité et la rareté des sons, leur modération et leur plénitude, les interruptions et les reprises, fussent suffisantes pour toucher le cœur dans ce qu'il a de bon, et rien de plus.

C'est le roi qui dispense à tous, par le moyen de la musique, les vertus nécessaires.

La société chinoise, à tous ses degrés, est fondée sur le principe de l'autorité bienfaitrice. Le fils doit l'obéissance à son père, la femme à son mari, le frère cadet au frère aîné, le sujet au prince ; en retour, le père veille sur son fils, le mari sur la femme, l'aîné sur

II. LA DOCTRINE

le cadet, lé magistrat sur le sujet, le prince sur le peuple entier ; par le respect et la bienveillance, la hiérarchie est mise dans les cœurs ; elle s'anime et porte ses fruits d'affection, de dévouement, de reconnaissance, de fidélité. La première forme de cette hiérarchie fut un régime féodal, aboli sur la fin du IIIe siècle avant notre ère par l'empereur Chèu Hoâng-tí, fondateur de la dynastie des Ts'în. Cette féodalité différait de la nôtre en ce que, plus qu'à la force du seigneur, on se confiait à sa sagesse. Le prince est un sage ; le même mot *(Kiūn-tzeù)* désigne l'un et l'autre État. Étant le maître, il a des vues supérieures ; le plus bel éloge qu'il puisse mériter, c'est d'avoir un esprit lucide et pénétrant, de tout comprendre, de connaître toute chose. Les qualités guerrières ne sont pas méprisées ; mais elles ne sont qu'une application de cette intelligence universelle. Le prince, s'il fait son devoir, guide son peuple par les voies salutaires qu'un privilège de clairvoyance lui découvre. Le Ciel, en l'appelant au trône, lui a accordé un pouvoir suprême de pensée.

La musique qu'il donne a pour tâche d'inspirer les bons sentiments.

« La vertu, dit le *Mémorial*, est le principe de la nature humaine ; la musique est la fleur de la vertu.

Cette vertu est entièrement civique, et la hiérarchie sociale est le principe de la morale personnelle : telle est la doctrine de Confucius. Son traité de la *Grande étude* la résume ainsi en son début :

« Les anciens princes, pour mettre en lumière ici-bas le principe lumineux, d'abord gouvernaient leur royaume ; pour gouverner leur royaume, d'abord ils ordonnaient leur maison ; pour ordonner leur maison, d'abord ils amélioraient leur personne ; pour améliorer leur personne, d'abord ils rectifiaient leur cœur ; pour rectifier leur cœur, d'abord ils purifiaient leur pensée ; pour purifier leur pensée, d'abord ils perfectionnaient leur connaissance ; la perfection de la connaissance est dans l'examen de toute chose.

« Toute chose examinée, alors la connaissance devient parfaite ; la connaissance parfaite, alors la pensée est pure ; la pensée pure, alors le cœur est droit ; le cœur droit, alors la personne est meilleure ; la personne meilleure, alors la maison est ordonnée ; la maison est ordonnée, alors le royaume est gouverné ; le royaume gouverné, la paix est ici-bas.

Ainsi tout se commande et s'enchaîne. Les devoirs envers l'État exigent l'accomplissement préalable des devoirs envers la famille ; et ceux-ci exigent l'accomplissement des devoirs envers soi-même. Il faut savoir se gouverner et s'obéir pour devenir capable, soit d'obéir aux autres, soit de les gouverner. Il faut établir en soi une paix qui, traduite au dehors, sera la paix de la famille, puis celle de la société. Le principe de toutes les vertus, ce n'est nullement la charité, ni le renoncement, ni le courage : c'est l'ordre, que la connaissance assure. La morale a pour objet, non d'exalter les sentiments, mais de les étudier, afin que chacun soit mis à la place où il sera utile. Éclairée par la raison, elle règle leur effort, et dispose leurs réactions en telle sorte qu'ils concourent efficacement au but suprême, qui est l'harmonie universelle.

Elle est établie de deux manières : par la musique, et par les rites. Les rites prescrivent à l'homme les attitudes et les démarches qui conviennent à son rang et à sa situation ; la musique atteint son cœur. « La musique vient du dedans ; les rites sont institués du dehors. Venant du dedans, la musique produit le calme. Institués du dehors, les rites produisent les démonstrations. » Par ces démonstrations, les distances sont marquées, mais du calme naît la concorde. Ce qui permet de formuler ces aphorismes : « La musique unit ; les rites séparent. De l'union vient la mutuelle amitié ; de la séparation, le mutuel respect. » Ou bien : « L'humanité est proche de la musique ; la justice est proche des rites. » Et, encore : « La musique est un don ; les rites sont un échange. La musique se complaît en son principe ; les rites reviennent, à leur origine. La musique manifeste la vertu ; les rites payent les sentiments de retour. » Les rites expriment en effet les relations des hommes entre eux -. un acte de politesse, une marque de déférence a pour conséquence nécessaire une autre. manifestation, qui en est la réponse ; suivant le mot d'un commentateur, c'est un « va-et-vient ». La musique au contraire n'exige pas la réplique d'une autre musique : elle apporte avec elle une certaine disposition morale, celle même d'où elle est sortie ; elle y trouve sa satisfaction ; elle a sa fin en soi.

La musique n'est pas faite pour exciter les passions, mais pour les modérer.

« A mesure que les objets se présentent, l'homme en prend connaissance ; et, par suite, les affections et les haines se forment.

II. LA DOCTRINE

Si ces affections et ces haines ne trouvent pas de règle à l'intérieur, et si sa connaissance l'attire hors de lui-même, il ne peut plus se ressaisir et son principe céleste est détruit.

Une musique régulatrice devra se garder de tout excès. Elle sera modeste, frugale, réservée, et même s'imposera des privations salutaires.

« La plus grande musique est toujours simple ; les plus grands rites sont toujours modérés. » C'est pourquoi « la perfection de la musique n'est pas de pousser les notes à bout » ; et un vieil hymne très vénérable se chante avec l'accompagnement d'un luth percé, pour que le son soit amoindri ; en outre, certaines notes sont omises à dessein. Sēu-mà Ts'iên, au chapitre XXVIII de ses *Mémoires,* rapporte qu'un ancien empereur fit couper la moitié des cordes d'une cithare, parce qu'en l'écoutant il avait éprouvé une trop profonde émotion.

Ce qui importe, dans la musique, c'est la pensée qu'elle exprime, et non la sensation qu'elle donne.

« Les anciens rois, quand ils ont réglé les rites et la musique, n'ont pas cherché à combler les désirs de la bouche, du ventre, de l'oreille et des yeux ; ils ont voulu enseigner au peuple les justes affections comme les justes haines, et le remettre dans le droit chemin.

La matière n'est rien devant l'esprit.

« La musique ne consiste pas dans telle ou telle tonalité, ni dans les instruments à cordes et les chants, ni dans les accessoires de la danse.

Quelques moyens qu'elle emploie, elle suit, même malgré elle, les mouvements du cœur qui l'a inspirée. Le prince, s'il ne la compose pas lui-même, du moins la prescrit. Elle vaudra donc ce que vaut le prince : elle célébrera sa justice, ou trahira sa violence et sa corruption. Et, comme le prince n'est lui-même que l'expression suprême de la vie nationale, la musique sera l'indice de la prospérité publique, ou du trouble et de la détresse.

« Les notes d'une époque bien réglée sont paisibles et portent à la joie ; un tel gouvernement est harmonieux. Les notes d'une époque de désordre sont haineuses et portent à la colère ; un tel gouvernement est séditieux. Les notes d'un royaume ruiné sont lugubres et donnent souci ; un tel peuple est triste. Les sons et les notes sont en rapport avec le gouvernement.

Ne sont-ils pas en effet le sentiment lui-même, devenu manifeste ? Les mots peuvent mentir, les hommes feindre ; « seule la musique est incapable de tromper ».

C'est pourquoi le savoir technique est considéré comme accessoire ; dans les cérémonies, le maître de musique, habile aux notes et aux paroles, « regarde le nord », c'est-à-dire qu'il est à la dernière place. Celui qui regarde le midi, c'est le sage.

« Ceux qui connaissent les sons et ne connaissent pas les notes, ce sont les animaux. Ceux qui connaissent les notes et ne connaissent pas la musique, ce sont les hommes ordinaires. Seul le sage peut connaître la musique.

Parmi les sages, il est encore deux degrés.

« Ceux qui connaissent la nature des rites et de la musique, peuvent les instituer. Ceux qui connaissent la beauté des rites et de la musique, peuvent les maintenir. Ceux qui instituent se nomment les saints. Ceux qui maintiennent se nomment les éclairés.

Confucius, lui aussi, distinguait deux catégories de sages : ceux qui ont la sagesse de naissance, et ceux qui l'ont acquise par l'étude. Les saints sont à ranger dans la première, les éclairés dans la seconde. Les saints ont le génie ; les éclairés ont le jugement. Et le génie des saints, c'est leur vertu.

Même si la musique est belle, c'est-à-dire salubre, il faut veiller à n'en pas faire excès : Par la musique on n'atteint que les sentiments, non les manifestations. On risque donc de développer la vie intérieure au point de nuire aux relations sociales.

Si les rites n'interviennent pas pour corriger cette influence, elle provoquera des élans du cœur, assurément généreux, mais préjudiciables à l'ordre.

« Si la musique est en excès, il y a licence ; si les rites sont en excès, il y a désunion.

Et les commentateurs expliquent que par l'abus de la musique « on ne peut plus revenir à soi », ou qu'il n'y a plus, « entre le supérieur et l'inférieur, de respect ». Le danger est ici dans cette fraternité d'émotion qui confond les rangs et abolit les distances. Il en est un autre : une trop vive sensibilité tourne à la mélancolie.

« Si la musique est poussée à bout, il y a tristesse ; si les rites sont

II. LA DOCTRINE

grossiers, il y a inégalité. Une musique sérieuse sans tristesse, une perfection de rites complets sans inégalité, voilà qui n'est accessible qu'au grand saint.

Ainsi constituée, ainsi comprise, la musique produit des effets merveilleux.

« Celui qui s'en est pénétré au point de régler son cœur, son cœur renaît à la justice, à la droiture, à l'affection, à la sincérité. Ayant acquis la justice, la droiture, l'affection, la sincérité, il est joyeux ; la joie, c'est le calme ; le calme, c'est la durée ; la durée, c'est le ciel ; le ciel, c'est la divinité. Il est le ciel : sans qu'il parle, on le croit. Il est la divinité : sans qu'il s'irrite, on le craint. »

Si l'observation des rites complète et tempère ce sentiment de la musique, la perfection humaine est atteinte.

« La musique, c'est la suprême harmonie ; les rites sont la suprême convenance. Celui qui possède en lui l'harmonie et manifeste au dehors la convenance, le peuple, à regarder son aspect et son apparence, perd le pouvoir de lui résister ; en contemplant ses mœurs et sa conduite, il abandonne la négligence et la grossièreté. Quand la vertu brille et agit en lui, il n'est personne dans le peuple qui ne veuille l'écouter ; quand il manifeste la raison au dehors, il n'est personne dans le peuple qui ne veuille lui obéir. C'est pourquoi l'on dit : Celui qui connaît la vérité des rites et de la musique, les établit et les consolide, pour celui-là il n'est pas ici-bas de difficulté.

Par la musique, l'humanité ordinaire est rapprochée de cette sagesse.

« Dans le temple ancestral, prince et magistrats, chefs et sujets, l'entendent ensemble ; et parmi eux il n'est personne qui n'éprouve harmonie et respect. Dans les assemblées des provinces, jeunes et vieux l'entendent ensemble ; et parmi eux il n'est personne qui n'éprouve harmonie et docilité. A l'intérieur des maisons, pères et fils, aînés et cadets, l'entendent ensemble, et parmi eux il n'est personne qui n'éprouve harmonie et tendresse.

L'empire de la musique ne s'étend pas seulement sur l'humanité. En effet, selon l'animisme dualiste qui est la religion propre de la Chine et sa religion d'État, tous les êtres sont engendrés par l'action du principe mâle et du principe femelle ; tout vit, se développe, sent et agit. Rien n'échappera donc au pouvoir de la musique, et la nature entendra sa voix. « Lorsqu'un grand homme instituera la musique et les rites, alors le ciel et la terre resplendiront. Le ciel et la terre seront heureux de leur accord ; les principes mâle et femelle se réaliseront mutuellement ; l'influence spirituelle et l'influence matérielle protégeront et développeront les dix-mille êtres. Ensuite les herbes et les arbres seront luxuriants ; les pousses et les bourgeons perceront ; les plumes et les ailes battront ; les cornes et les ramures naîtront ; les insectes brilleront et reprendront vie... C'est la musique qui en décide ainsi.

La musique, en régularisant l'activité de l'univers, la rend féconde. Par elle le trouble est prévenu ; la concorde est établie ; aucune force n'est plus perdue.

« L'influence de la Terre monte et s'élève ; l'influence du Ciel tombe et descend ; les principes mâle et femelle entrent en contact mutuel ; le ciel et la terre entrent en mutuelle action. Battus par le tonnerre et l'éclair, fouettés par le vent et la pluie, mis en mouvement par la suite des saisons, attiédis par le soleil et la lune, les êtres des cent espèces s'animent et se produisent. C'est ainsi que la musique est l'harmonie du Ciel et de la Terre.

Il faut se garder d'attacher à ces derniers mots un sens métaphysique. La musique, par son pouvoir pacificateur, favorise la grande coopération ; mais elle n'est pas le principe des choses, ni l'expression de l'obscure volonté universelle ; Pythagore et Schopenhauer sont également éloignés de la pensée chinoise. Et la preuve, c'est que la musique, à elle seule, ne suffit pas au bien de la nature. Non moins que l'union, la distinction est nécessaire ; les rites la produisent. Comme la société humaine, la nature ne parvient à un état parfait que par l'équilibre des rites et de la musique.

« Le Ciel est noble, la Terre est vile, le prince et le sujet ont leurs places. Le haut et le bas se manifestent ; le précieux et le vil ont leurs rangs. Le mouvement et le repos ont leur constance ; le grand et le petit leur distinction. Les êtres s'assemblent par espèces ; les objets se divisent en groupes ; ainsi leur nature et leur destin ne sont pas identiques. Dans le ciel, sont les constellations ; sur terre sont les formes. C'est ainsi que les rites sont la séparation du Ciel et de la Terre.

Si l'on cherche des analogies, la musique, qui unit, ressemble au Ciel, qui est unique ; les rites, qui divisent, à la Terre, qui est multiple. Mais ce sont là des conformités, non des identités.

« La musique établit l'harmonie et propage la divinité : elle se conforme au ciel. Les rites font les distinctions nécessaires et sont sous la dépendance des mânes : ils se conforment à la terre. C'est pourquoi le saint fait une musique qui correspond au Ciel ; il fait des rites qui dépendent de la Terre. Quand les rites et la musique sont clairs et complets, le Ciel et la Terre accomplissent leurs fonctions.

*
* *

III. LES DESTINS

Le livre où se trouve cette doctrine est un des cinq ouvrages canoniques ; le texte en est sacré, les caractères en sont comptés, et, jusqu'à ces toutes dernières années, un bon lettré se faisait fort de le savoir par cœur. Mais il ne faut pas croire que les préceptes en soient appliqués dans leur rigueur. Ce qu'il propose à notre dévotion, c'est un idéal, si parfait, que sans doute il ne s'est jamais réalisé sur terre. La musique est humaine, et, comme telle, pécheresse. Il faut remonter jusqu'aux temps des premiers empereurs, à vingt siècles de distance peut-être, pour la trouver égale à sa haute mission ; mais ce sont là des temps légendaires ; c'est le rêve d'un âge d'or, où la sagesse régnait parmi les hommes, où l'on ignorait le mal, la ruse, le mensonge, la maladie, la disette et la révolte. Au temps de Confucius, cet âge était bien loin, et le philosophe a consumé sa vie à passer de royaume en royaume, à la recherche d'un monarque qui fût un sage, comme c'était son devoir et sa définition. Il crut un jour avoir rencontré celui qui comblerait ses vœux : le prince de Loù écoutait ses conseils. Mais un autre seigneur, le duc de Ts'î, fut inquiet de cette vertu grandissante et de la prospérité qui ne manquerait pas de s'ensuivre : il envoya donc au prince, en présent, 80 musiciennes et comédiennes. Aussitôt Confucius perdit son autorité ; il s'éloigna, non sans avoir flétri ses perfides rivales d'une épigramme dégoûtée. Les airs qu'elles faisaient entendre n'étaient certes pas de nature à conjurer l'égarement des sens. Il faut croire d'ailleurs que la musique s'était bien relâchée de son antique sévérité : Confucius lui-même, quand il a recueilli, dans le *Livre des Vers*, les chansons populaires et les hymnes liturgiques des différents royaumes, s'est vu forcé d'admettre, parmi les premières, plusieurs pièces dont le tour galant et les accents langoureux ont fait froncer plus d'un grave sourcil : un maître prudent a toujours mis ses élèves en garde contre leurs grâces perverses ; et un blâme demeure attaché aux noms des vieux pays d'où elles sont originaires, Tchēng et Wéï.

Le marquis Wên, qui avait en fief un des nombreux petits États de la Chine, sur la fin du Ve siècle avant notre ère, s'y plaisait malgré tous les avertissements, et il demandait à un disciple de Confucius :

— Lorsque, sous la robe sombre et le bonnet rituel, j'entends la musique ancienne, je n'ai qu'une crainte : c'est de m'endormir. Lorsque j'entends les airs de Tchēng et de Wéï, j'ignore la fatigue. J'ose vous le demander : pourquoi l'ancienne musique produit-elle cet effet, et la nouvelle cet autre ?

Le dépositaire de la saine doctrine parla longtemps, et fort bien ; il reprocha au marquis « d'aimer les notes, et non pas la musique », c'est-à-dire d'oublier les préceptes au point de se laisser mener au gré des sensations. Le *Mémorial de la musique* rapporte cet entretien ; mais il ne dit pas si le marquis amenda son goût. La musique pernicieuse avait un grand attrait ; et le bon historien Seū-mà Ts'iên, après avoir copié presque entièrement le Mémorial pour en faire le vingt-troisième chapitre de son grand ouvrage, nous fait, à ce sujet, le récit d'une véritable tentation, qui se termine d'ailleurs par la confusion du pêcheur[1].

« C'était au temps du duc Līng, du pays de Wéï. Comme il allait au pays de Tsīn, arrivé au bord de la rivière Poŭ, il y fit halte. Au milieu de la nuit, il entendit le son d'un luth que l'on touchait. Il interrogea à droite, à gauche ; tous répondirent n'avoir rien entendu. Il donna donc un ordre au maître de musique Kiuēn en ces termes :

— J'ai entendu toucher du luth, j'ai interrogé à droite, à gauche, tous n'ont rien entendu. Cela ressemble à l'esprit d'un mort ou d'un dieu. A ma place écoutez et notez.

Maître Kiuēn dit :

— Bien.

---

1 Le sens est donné d'après la traduction de M. Chavannes.

Il s'assit correctement, attira à lui son luth, écouta et nota. Le lendemain il dit :

— Je tiens l'air. Mais je ne m'y suis pas encore exercé. Je vous demande encore une nuit pour m'y exercer.

Le duc Līng dit :

— Soit.

On passa donc la nuit ; le lendemain il dit encore :

— Je m'y suis exercé.

On partit et on arriva à Tsīn.

« Ils rendirent visite au duc P'îng ; le duc P'îng leur donna un banquet sur la terrasse des Bienfaits répandus. Dans la gaîté du vin, le duc Līng dit :

— A l'instant, en venant, j'ai entendu un air nouveau ; je vous demande la permission de vous l'offrir.

Le duc P'îng dit :

— Soit.

Ordre fut donc donné à maître Kiuén de s'asseoir à côté de maître K'ouáng, d'attirer à lui son luth et d'en toucher. Il n'avait pas fini que maître K'ouáng, de la main, le retint, en disant :

— C'est l'air d'un royaume ruiné. On ne peut pas l'écouter.

Le duc P'îng dit :

— De quelle manière s'est-il produit ?

Maître K'ouáng dit :

— C'est maître Yên qui l'a fait ; et ce fut pour Tchéou une musique de perdition. Quand le roi Où eut écrasé Tchéou [1], maître Yên s'enfuit vers l'est et se jeta dans la rivière Poŭ. C'est pourquoi vous avez entendu certainement cet air sur les bords de cette rivière. Celui qui le premier entend cet air, son royaume sera affaibli.

Le duc P'îng dit :

— Les airs que j'aime, ma volonté est de les entendre.

Maître Kiuén joua jusqu'à la fin.

Le duc P'îng dit :

— N'y a-t-il pas des airs plus malfaisants que celui-là ?

---

1 Dans cette bataille, qui eut lieu au XIIe siècle avant notre ère, le dernier souverain des Yin, Tchéou, fut mis en déroute par Où, fondateur de la dynastie des Tchéou.

Maître K'ouáng dit :

— Il y en a.

Le duc P'îng dit :

— Peut-on les entendre ?

Maître K'ouáng dit :

— La vertu et la justice de votre altesse sont trop minces et vous ne pouvez les entendre.

Le duc P'îng dit :

— Les airs que j'aime, ma volonté est de les entendre.

Maître K'ouáng, bien malgré lui, attira son luth et en toucha, au premier morceau, il y eut deux bandes de huit grues noires à la porte de la galerie ; au deuxième morceau, elles raidirent le cou et crièrent, étendirent les ailes et firent une danse. Le duc P'îng se réjouit fort et porta la santé de maître K'ouáng. Il revint s'asseoir et demanda :

— N'y a-t-il pas des airs encore plus malfaisants que celui là ?

Maître K'ouáng répondit :

— Il y en a : ceux par lesquels jadis Houâng-ti fit une grande union avec les esprits des morts et des dieux. Mais la vertu et la justice de votre altesse sont minces, et vous n'êtes pas capable de les entendre. Les entendre, ce sera votre ruine.

Le duc P'îng dit :

— Je suis un vieil homme. Les airs que j'aime, ma volonté est de les entendre.

Maître K'ouâng, bien malgré lui, attira son luth et en toucha ; au premier morceau, il y eut un nuage blanc qui monta du nord-ouest ; au deuxième morceau, un grand vent s'éleva, et la pluie avec lui, il fit voler les tuiles de la galerie. A droite, à gauche, tous prirent la fuite, et le duc P'îng, effrayé, resta prosterné entre la galerie et la chambre. Il y eut grande sécheresse dans Tsīn, au point que la terre fut rouge pendant, trois ans.

L'esprit frivole d'un grand seigneur pouvait donner en de coupables fantaisies ; un lettré, un savant, restait fidèle à l'ancienne musique au point d'oser parfois de respectueuses remontrances, et c'est ce qui la perdit. En l'année 221 avant notre ère, le roi de Ts'în se rendait maître de la Chine entière et en devenait l'empereur absolu, avec le nom de Chèu et le titre de Hoâng-tí. C'était la fin du régime féodal. Mais le gouvernement nouveau, imposé par la force, ne se maintint que par une cruauté implacable : tous les hommes cultivés regrettaient, au nom de la tradition, la féodalité. Sollicité, à maintes reprises, de la rétablir, Chèu Hoâng-tí voulut enfin priver l'opposition de ses autorités, et rendit, en 213, un édit par lequel tous les livres devaient être brûlés, à la seule exception de ceux qui traitaient de la médecine, de la divination et de l'agriculture. Trente jours après la promulgation, ceux qui n'auraient pas obéi devaient être envoyés aux travaux forcés de la Grande Muraille, alors en construction ; ceux qui oseraient discuter encore sur le *Livre des Vers* ou le *Livre de l'histoire* seraient mis à mort sur la place publique ; ceux qui se serviraient de l'antiquité pour dénigrer les temps modernes subiraient la même peine, ainsi que leur parenté et les magistrats coupables de ne pas les avoir dénoncés [1]. C'était vouloir exterminer toute la pensée chinoise : la rigueur des châtiments répond à l'énormité de la destruction. La musique était frappée au même titre que la poésie qu'elle accompagnait ; et on brûla non seulement ses livres, mais ses instruments. Quatre années après, le tyran mourait à son tour ; Eúl-chèu, son fils, ne put garder que deux ans un pouvoir redoutable à son peu de raison : il fut renversé et tué. Après sept années de troubles, Kāo-tsoù montait sur le trône, et son successeur Hoëï-tí rapportait, en l'année 191, l'édit barbare. Cette dynastie, qui est celle des Hán, fut favorable aux lettres et aux arts : les livres reparurent.

Quelques-uns, les plus vénérables, avaient été conservés par la mémoire de lettrés qui purent les récrire. D'autres furent découverts dans les cachettes où on avait enfoui ces trésors de sagesse. Beaucoup étaient perdus sans retour. Il arrivait aussi que plusieurs versions étaient en présence, proposant à la philologie chinoise des problèmes ardus. La musique eut sa part dans cette renaissance : on retrouva des ouvrages, des instruments. Mais on n'arrivait plus à ressaisir l'esprit. Au début des Hán, le grand maître de la musique Tcheú, dont les ancêtres avaient occupé la même charge de génération en génération, « pouvait bien décrire tintement et résonance, tambours et pantomimes, mais non en

---

1 *Se ma Tsien,* ch. VI, traduction et commentaire de É. Chavannes.

expliquer la signification [1]. »

C'est sur ces entrefaites que fut retrouvé ou reconstitué le *Mémorial de la musique* : Sē-mà Ts'iēn, qui écrit vers la fin du IIe siècle avant, notre ère, le copie[2]. Dès lors, on possède à nouveau le sentiment de l'ancienne musique. Beaucoup d'œuvres manquent, sans doute, et personne n'entendra plus jamais la musique de l'empereur Chouénn, capable d'enchanter Confucius. Mais les principes sont là, inébranlables autant que ceux de cette morale qui aujourd'hui encore maintient debout la société chinoise. D'âge en âge, ils seront invoqués, souvent sur le ton du reproche ; car la musique, comme tous les arts de la Chine, a son progrès, plus lent qu'il n'est d'usage en Occident, sans révolte, mais assez efficace pour mettre au désespoir ceux que leur âge et leur éducation attachent au passé. Jusqu'à nos jours, les traités de musique accordent une place d'honneur aux hymnes liturgiques contenus dans le *Livre des Vers* ; jusqu'à nos jours, les chansons de Tchēng et de Wëï sont notées d'infamie. Les empereurs ne composent plus de mélodies, quoique on en attribue encore au grand K'āng-Hī, contemporain de notre Louis XIV ; mais la musique reste sous leur tutelle. Aujourd'hui encore, le ministère des rites comporte un bureau de la musique ; par un décret en date du 30 avril 1909 la clef de ce bureau vient d'être remise à un prince de la famille impériale, qui sans doute gardera ce précieux dépôt, et n'en usera guère : le gouvernement chinois a bien d'autres soucis. Mais la musique fait partie de ses attributions morales, dont il n'a pas été dessaisi ; elle comptera comme une institution d'État aussi longtemps que l'Empereur, représentant du ciel sur terre, offrira les grands sacrifices, récompensera les actes de vertu, et publiera des mandements pour rappeler le peuple à ses devoirs.

Les idées que le *Mémorial de la musique* expose ne sont plus exactement appliquées ; mais elles ne sont pas davantage abandonnées : ce sont des souveraines déchues et respectées. De la même manière, le système de la musique, malgré de nombreuses restaurations, n'a pas changé ses assises. De même encore, les instruments antiques sont toujours en usage à côté des modernes.

---

1 Texte chinois cité sans indication d'origine dans Van Aalst, *Chinese Music*, p. 5.
2 Selon certains érudits chinois, ce chapitre de son ouvrage serait apocryphe et y aurait été introduit au siècle suivant. Mais un fraudeur cherche la vraisemblance ; certainement, Se-ma Ts'ien pouvait avoir connu le *Mémorial de la musique*.

*

* *

IV. LE SYSTÈME

Préposée à la morale publique, la musique chinoise a eu, dès l'âge le plus tendre, le discernement du permis et du défendu. L'imagination occidentale se plaît à voir les arts guidés, à leurs débuts, par la seule fantaisie, que plus tard la théorie doit convertir en formules. C'est là une fiction d'innocence, pareille à celle du Paradis terrestre, mais que nul dogme n'impose : rien ne prouve que les choses se soient passées ainsi, bien au contraire ; il semble que les arts primitifs soient aussi les plus formalistes, que la liberté d'invention soit allée en s'accroissant d'un progrès continu, et que l'esprit humain procède toujours de l'abstrait au concret. Ce qui est certain, c'est que la musique chinoise a commencé par être savante, mais d'une science qui s'accordait à son sentiment, et le renforçait au lieu de le restreindre ou de le fausser.

Il nous est rapporté que Hoâng-tí voulut assigner à la musique des notes invariables. Il envoya son maître de musique [1] aux confins de l'Empire, vers le nord, selon le premier auteur qui nous fasse ce récit [2], vers l'ouest, au dire de tous ceux qui le répètent après lui. C'est à l'ouest, en effet, qu'on trouvait une sorte de terre promise, où le roi Moŭ s'étant aventuré, mille ans avant notre ère, fut heureux au point d'oublier le chemin du retour. Le ministre de Hoâng-tí revint, car il rapportait une grande nouvelle. Au fond d'une vallée retirée, il avait vu des bambous merveilleux, tous de la même grosseur. Ayant coupé l'une des tiges entre deux nœuds, il souffla : un son sortit. Or ce son était celui même de sa voix lorsqu'il parlait sans passion. C'était aussi le murmure du ruisseau qui naissait dans la vallée, et qui était le Hoâng-hō. Alors deux oiseaux, un phénix mâle et un phénix femelle, étaient venus se poser sur un arbre ; le premier avait chanté six notes, en partant de ce même son ; la seconde, six notes différentes. Le ministre, ayant prêté l'oreille, coupa onze autres tubes répondant, avec le premier, à tout ce qu'il

---

[1] Tel est probablement le sens des mots Lîng-liûn, dont on a fait souvent un nom propre.
[2] Liù Poŭ-weî, mort en 235 avant notre ère.

venait d'entendre.. Et il remit à son maître ces étalons sonores, que l'on nomma *liŭ*, c'est-à-dire *lois*. Il avait réussi en sa mission.

Ce récit légendaire contient sa part de vérité. La sûre érudition de M. Chavannes a montré qu'au VIe siècle avant notre ère les *liŭ* étaient des cloches, et qu'ils ne sont désignés nettement comme des tubes qu'à partir du IIIe siècle avant notre ère. Mais aussi ces cloches étaient des *liŭ*; c'est dire qu'elles avaient une fonction régulatrice. C'étaient les diapasons de la musique chinoise. Et leurs noms se sont transmis intacts aux tubes qui les ont remplacés. En voici la série, dans l'ordre ascendant :

1. *Hoâng-tchoūng*, la cloche jaune.
2. *Tá-liù*, le grand liù.
3. *T'áï-ts'oŭ*, le grand fer de flèche.
4. *Kiă-tchoūng*, la cloche serrée.
5. *Koū-sì*, l'ancienne purification.
6. *Tchoúng-liù*, le liù cadet.
7. *Joêï-pīn*, la fécondité bienfaisante.
8. *Lîn-tchoūng*, la cloche des bois.
9. *Yì-tsŏ*, la règle égale.
10. *Nân-liù*, le liù du sud.
11. *Woû-yĭ*, l'imparfait.
12. *Yīng-tchoūng*, la cloche d'écho.

De ces noms, quelques-uns peuvent s'expliquer. Parmi les cinq couleurs chinoises, qui sont le jaune, le vert, le rouge, le blanc et le noir, le jaune est la plus précieuse, et c'est la couleur impériale : la cloche jaune est donc la souveraine. A l'extrémité de la série, la dernière cloche lui fait écho. Un autre tinte au fond des bois, une autre peut-être parle à gorge serrée. Mais ici déjà l'obscurité se fait, et tous les autres noms demeurent à jamais enveloppés de poétiques ténèbres.

Il y avait douze cloches, comme douze mois et douze heures. Peut-être la division du temps avait-elle servi de modèle, car l'année solaire contient, de toute nécessité, douze mois lunaires, au lieu que, pour les sons de la musique, aucun nombre n'était prescrit. Chacune des cloches répond à un mois et à une heure. En outre, elles sont réparties en deux classes, selon les deux principes *yâng* ou mâle, et *yīn* ou femelle.

Les mâles sont de rang impair ; les femelles de rang pair. Celles-ci se distinguent des premières par l'écriture et la prononciation de leur nom : *liù* au lieu de *liŭ*. Pour désigner la série totale, on a coutume, par un tour propre à la langue chinoise, d'associer les deux mots : *liŭ-liù*. Le phénix mâle de la vallée profonde chantait les six *liŭ*, sa compagne, les six *liù*.

Comment s'y prenait-on pour faire rendre à chacune des cloches un son déterminé ? Aucun calcul n'était possible ; mais les Chinois, dès l'antiquité la plus haute, étaient des fondeurs habiles et patients. Ils avaient leurs recettes, et ne se décourageaient pas pour un insuccès. De plus, on peut, entre de certaines limites, accorder une cloche après la fonte, si l'on sait retirer de la matière aux endroits convenables. Ce procédé est encore en usage aujourd'hui, en Europe comme en Asie ; sans doute ne leur était-il pas inconnu. Mais un jour vint où l'on découvrit une relation simple et invariable entre les dimensions de certains corps sonores et la hauteur de leur son, ou, comme nous dirions aujourd'hui, la rapidité de leur vibration. Ces corps privilégiés étaient des tubes ouverts ou fermés, sans anche ni embouchure, que l'on faisait parler en brisant le souffle contre leurs bords, comme la syrinx des Grecs ou les flûtes de nos chevriers. A tout changement de longueur répondait un changement de hauteur ; on pouvait à volonté obtenir telle note requise, et avec la plus rigoureuse justesse. C'est entre le Ve et le IIIe siècle que cette loi d'acoustique fut connue en Chine.

Chacune des anciennes cloches fut remplacée par un tube. Le premier, celui de la cloche d'or, avait, nous dit-on, un pied de long. Mais ce pied musical n'avait que neuf pouces, et le pouce que neuf lignes. Selon le système décimal qui dès cette époque était d'usage courant en Chine, ce tube mesurait donc 81 lignes : L'unité de longueur a changé au cours des siècles, si bien que l'on ne peut fixer avec certitude la note qu'il faisait entendre. Si l'on adopte les évaluations de Tsäi-yŭ, qui écrit au XVIe siècle, elle serait intermédiaire entre mi_4 et fa_4 pour un tube ouvert, et entre mi_3 et fa_3 pour un tube fermé. On a coutume de la transcrire par un fa_3.

Les tubes qui suivent donnent les notes d'une gamme chromatique : fa dièse ou sol bémol, sol, sol dièse ou la bémol, et ainsi de suite jusqu'au mi. On les a d'abord accordés par le seul moyen de l'octave et de la quinte. On savait que deux tubes dont les longueurs sont entre elles comme 1 est à 2, donnent deux notes en relation d'octave, et que, pour former une quinte, il faut que le rapport soit de 2 à 3. Ces mots d'octave et de quinte, comme toute désignation d'accord ou d'intervalle, sont d'ailleurs inconnus à la théorie chinoise, qui ne parle que des nombres et non des notes. Pour obtenir l'ut, il suffisait de prendre un tube moins long du tiers que celui du fa. En retranchant encore un tiers au tube de l'ut, on avait un sol supérieur, qu'on reportait à l'octave grave et doublant la longueur de son tube. Le double de 2/3 étant égal à 4/3, on pouvait donc constituer une gamme complète en prenant, tantôt les 2/3, tantôt les 4/3 des longueurs successives. Et tel est le procédé que nous enseigne en effet Liù Poŭ-wěï, qui écrit avant le dernier tiers du IIIe siècle avant notre ère [1] :

« Fa engendre ut. Ut engendre sol. Sol engendre ré. Ré engendre la. La engendre mi. Mi engendre si. Si engendre fa dièse. Fa dièse engendre ut dièse. Ut dièse engendre sol dièse. Sol dièse engendre ré dièse. Ré dièse engendre la dièse. Aux trois parties du générateur on ajoute une partie pour la génération supérieure. Des trois parties du générateur on retranche une partie pour la génération inférieure. Fa, fa dièse, sol, sol dièse, la, la dièse, si, sont de la génération supérieure. Ut, ut dièse, ré, ré dièse, mi sont de la génération inférieure.

On voit quel avantage on trouvait à faire le pied de 9 pouces, et le pouce de 9 lignes : le premier tube ayant pour longueur l'unité, celles des quatre suivants étaient représentées par des nombres entiers.

Or cette gamme, formée de onze quintes successives, toutes ramenées dans un intervalle d'octave, est loin de nous être inconnue. C'est celle que nous appelons « pythagoricienne », parce qu'elle repose, semble-t-il, sur les premières découvertes de Pythagore. Elle apparaît en Chine justement à l'époque où l'on peut croire à une certaine communication entre ce pays et la Grèce. M. Chavannes [2]

---

1 Le passage est cité par M. Chavannes en sa traduction des *Mémoires historiques* de Se-ma Tsien, t. III, 2ᵉ partie, p. 636. Je remplace les noms des *liŭ* par ceux de nos notes.
2 *Les Mémoires historiques* de Se-ma Tsien, t. III, pp. 630-645.

en conclut qu'elle a été apportée toute faite, et adoptée telle quelle par les théoriciens chinois. Mais les pythagoriciens grecs du IVe et du IIIe siècle avant notre ère ne connaissaient pas cette gamme ou ne lui accordaient aucune valeur pratique. Ainsi que j'ai eu occasion de le montrer ailleurs [1], le problème dont ils cherchaient alors la solution était tout différent : il s'agissait de représenter par des rapports définis, et, autant que possible, superpartiels, les intervalles des genres enharmonique, chromatique et diatonique, qui n'ont rien de commun avec une octave de douze demi-tons. En outre, l'instrument de leurs recherches était le monocorde ; les tubes, qui ne peuvent être raccourcis ou allongés à volonté, ne se prêtaient pas aux expériences. Au contraire, ils convenaient au dessein des Chinois, qui est de rendre invariable la hauteur de chaque note ; c'est de quoi les Grecs ne se sont jamais souciés. On peut donc supposer que la Chine s'est en effet instruite à l'école de la Grèce ; mais elle ne lui a emprunté que des principes, qu'elle a appliqués à sa manière. Telle est sa coutume : elle n'est nullement fermée aux influences étrangères, et elle a su, par exemple, tirer des enseignements de l'art hellénique, comme plus tard de celui des bouddhistes, et même des musulmans. Mais tout ce qui lui vient du dehors est aussitôt marqué d'une empreinte si forte, que seules la comparaison et l'analyse permettent de présumer les acquisitions. De la même manière, elle s'est fait une religion bouddhique à son usage, et peut-être, si on ne l'eût empêchée, aurait assimilé jusqu'à la religion chrétienne. C'est ainsi également qu'elle a fait servir les découvertes de Pythagore non à chercher des relations nouvelles, mais à définir plus rigoureusement les sons fixes de sa musique.

La gamme construite par quintes a un défaut : quelque précaution que l'on prenne, on aboutit bientôt à des fractions de plus en plus compliquées, et toutes irréductibles. On tâcha d'y porter remède. Sē-mà Ts'iēn, qui écrit un siècle environ après Liù Poû-wēi, nous fait connaître une première tentative de simplification.

Adoptant les mesures décimales, il fixe la longueur du premier tube à 81 lignes, et donne cette série :

---

[1] *Aristoxène de Tarente et la musique de l'antiquité*, ch. II. Les Pythagoriciens.

Fa	81
Fa dièse	75 2/3
Sol	72
Sol dièse	67 1/3
La	64
La dièse	59 2/3
Si	56 2/3
Ut	54
Ut dièse	50 2/3
Ré	48
Ré dièse	44 2/3
Mi	42 2/3

Les erreurs commises sont négligeables, comme il sera facile de le vérifier. Hoâï Nân-tzeú, presque à la même époque, est plus hardi : il supprime toutes les fractions, de la manière suivante :

Fa	81
Fa dièse	76
Sol	72
Sol dièse	68
La	64
La dièse	60
Si	57
Ut	54
Ut dièse	51
Ré	48
Ré dièse	45
Mi	43

C'est là ce que nous appellerions un tempérament inégal ; sept quintes y sont justes : fa-ut, ut-sol, sol-ré, ré-la, si-fa-dièse, ut-dièse-sol-dièse, ré-dièse-la-dièse. Pour les cinq autres, l'altération est très faible ; elle atteint sa valeur minimum pour la dernière, la-dièse-fa, et cette valeur est justement celle de notre comma 81/80. Mais le point de départ est toujours la progression par quinte ; et si les résultats en sont adroitement corrigés, c'est

IV. LE SYSTÈME

pour obtenir des rapports plus simples, non pour mieux satisfaire l'oreille.

Des siècles passent, et nous ne savons ce qu'il advient des liŭ, jusqu'à l'année 1596, où le prince Tsâï-yŭ propose de les accorder selon un principe tout différent, qui est celui de notre tempérament égal. Il n'est plus exigé que les sons forment entre eux des quintes, mais qu'ils soient équidistants. Et les longueurs des tuyaux nécessaires sont données dans une approximation très poussée.

Les tables de Tsâï-yŭ n'indiquent pas seulement les longueurs des tubes, mais aussi leurs diamètres. Les longueurs de deux tubes consécutifs quelconques forment entre elles, comme il convient, un rapport dont la limite est $\sqrt[12]{2}$; et les diamètres de ces tubes sont entre eux dans un autre rapport qui approche de $\sqrt[24]{2}$. Tsâï-yŭ croyait donc à une loi qui pourrait se formuler ainsi :

Les hauteurs des sons ne sont proportionnelles au rapport des longueurs des tubes que si les diamètres de ces tubes sont entre eux comme la racine carrée de ce rapport ; ou, ce qui revient au même, si les surfaces intérieures sont entre elles comme ce rapport.

C'est une idée nouvelle : selon les précédents théoriciens, les tubes doivent être égaux en diamètre, à l'image des bambous primitifs. Or les Grecs savaient déjà que de deux tubes égaux en longueur, le plus étroit est le plus grave. Pendant longtemps nous nous sommes refusés à les en croire, et il n'a rien moins fallu que les tout récents progrès de l'acoustique pour nous faire admettre que le diamètre eût en effet une influence sur la hauteur du son. On trouvera dans le *Traité d'Acoustique* de Mahillon, plusieurs formules empiriques différentes, selon qu'il s'agit de tuyaux d'orgue, de tubes à boucle, d'instruments en cuivre ou à anches. La relation de Tsâï-yŭ ne serait-elle pas la formule générale ? C'est ce que, faute de recherches méthodiques, on peut présumer, mais non prouver. Nous donnons ici les tables de Tsâï-yŭ. On remarquera qu'il fait décroître les diamètres extérieurs selon la même loi que les diamètres intérieurs. Est-ce une élégance superflue ? Nous ne le savons pas. Nous savons seulement que l'épaisseur des tubes, quoiqu'on en ait dit, a aussi son importance, sinon pour la hauteur des sons, du moins pour leur timbre. La série est prolongée sur trois octaves, dont la plus grave est dite des liŭ doubles, la suivante des liŭ moyens, la dernière des liŭ aigus.

LIU DOUBLES

	Longueur	Diamètre extérieur	Diamètre intérieur
Fa$_2$	200	7,07	5
Fa dièse$_2$	188,77	6,66	4,85
Sol$_2$	178,17	6,57	4,71
Sol dièse$_2$	168,17	6,48	4,58
La$_2$	158,74	6,29	4,45
La dièse$_2$	149,83	6,12	4,32
Si$_2$	141,42	5,94	4,2
Ut$_3$	133,48	5,77	4,08
Ut dièse$_3$	125,99	5,61	3,96
Ré$_3$	118,92	5,41	3,85
Ré dièse$_3$	112,24	5,29	3,74
Mi$_3$	105,94	5,14	3,63

LIU MOYENS

	Longueur	Diamètre extérieur	Diamètre intérieur
Fa$_3$	100	5	3,53
Fa dièse$_3$	94,38	4,85	3,43
Sol$_3$	89,08	4,71	3,33
Sol dièse$_3$	84,08	4,58	3,24
La$_3$	79,37	4,45	3,14
La dièse$_3$	74,91	4,32	3,06
Si$_3$	70,71	4,20	2,97
Ut$_4$	66,74	4,08	2,88
Ut dièse$_4$	62,99	3,96	2,8
Ré$_4$	59,46	3,85	2,72
Ré dièse$_4$	56,12	3,74	2,64
Mi$_4$	52,97	3,63	2,57

LIU AIGUS

	Longueur	Diamètre extérieur	Diamètre intérieur
Fa4	50	3,53	2,50
Fa dièse4	47,19	3,43	2,42
Sol4	44,54	3,33	2,35
Sol dièse4	42,04	3,24	2,29
La4	39,68	3,14	2,22
La dièse4	37,45	3,06	2,16
Si4	35,35	2,97	2,10
Ut5	33,37	2,88	2,04
Ut dièse5	31,49	2,80	1,98
Ré5	29,73	2,72	1,93
Ré dièse5	28,06	2,64	1,87
Mi5	26,48	2,57	1,81

Ces alignements de chiffres seront excusés, si l'on estime qu'il n'est pas indifférent à la Chine d'avoir connu, au moins en théorie, plus d'un siècle avant nous, le tempérament égal, et d'avoir fait des expériences plus délicates que les nôtres sur les tubes sonores.

*
* *

V. LA GAMME

Dès une antiquité reculée, la musique chinoise possédait une série complète de demi-tons. De ces richesses, elle fit un usage prudent.

Des douze notes entre lesquelles l'octave se divise, cinq sont élues. Si la première est un fa, la seconde sera un sol, la troisième un la, la quatrième un ut et la cinquième un ré. Mais cet ensemble, dont les termes consécutifs sont à distance de ton entier ou de tierce mineure, peut prendre son point de départ à tout degré de l'échelle chromatique : la première note sera un fa dièse, un la, un ré dièse ou un mi tout aussi bien qu'un fa, et les autres seront transposées d'autant. Leurs relations mutuelles resteront invariables, ainsi que leurs noms, qui répondent à leur rôle, non à leur hauteur absolue. La première s'appellera toujours *koūng*, le palais ; la seconde *chāng*, la délibération ; la troisième *kiŏ*, la corne ; la quatrième *tcheù*, la manifestation ; et la cinquième *yù*, les ailes. Ces noms sont mystérieux presque autant que ceux des liù. Cependant on peut y reconnaître la trace d'un ancien symbolisme, dont le *Mémorial de la musique* a gardé quelque souvenir :

« La note *koūng*, y est-il dit, représente le prince ; la note *chāng*, les ministres ; la note *kiŏ*, le peuple ; la note *tcheù*, les affaires ; la note *yù*, les objets [1].

La mélodie, la phrase, et le morceau entier peuvent se terminer par l'une quelconque de ces cinq notes. On peut donc dire que la musique chinoise a cinq modes, et dans certains recueils les airs sont classés en effet par leur note finale. Mais ce n'est là, pour les Chinois, qu'un caractère accessoire. Ce qui importe bien davantage, c'est le hauteur absolue des notes, ou, comme nous dirions, la tonalité choisie. Elle est d'ordinaire indiquée au début du morceau, et rapportée à la note *koūng*. On écrit par exemple :

Hoâng tchoūng wêï koūng. Fa fait fonction de koūng.

Tá liù wêï koūng. Fa dièse fait fonction de koūng.

T'áï ts'où wêï koūng. Sol fait fonction de koūng.

Dès l'antiquité, la Chine a été attentive aux transpositions plus qu'à tout autre procédé de l'art musical. Le *Kouò yù* rapporte que le roi Où, lorsqu'il livra au dernier empereur des Yīn sa fameuse bataille, rangea son armée pendant la nuit [2].

« Avant qu'il eût fini, la pluie se mit à tomber ; au moyen du *koūng* supérieur de *yì-tsŏ*, il acheva. A l'heure tch'ĕn (de 7 à 9 heures du matin), la conjonction se faisait au-dessus du signe *siū*, c'est pourquoi il déploya le *koūng* supérieur de *yì-tsŏ*, et donna à cette musique le none de *yù* (aile) car c'est ce par quoi il protégea, abrita et régla bien son peuple. Au moyen du *koūng* inférieur de *hoâng-*

---

1 [css : *Mémoires historiques*]
2 J'emprunte ce texte et sa traduction à M. Chavannes, *Mémoires historiques de Se-ma Ts'ien*. III, 2ᵉ partie, note a32.117. Mais je ne crois pas comme lui que le mot *koūng* désigne une note déterminée en hauteur. Tel ne semble pas être l'usage de la langue.

V. LA GAMME

tchoūng, il répandit ses soldats dans la campagne de Moŭ ; c'est pourquoi il appela cette musique *lí* (exciter), car c'est ce par quoi il excita les six corps d'armée. Au moyen du *koūng* inférieur de *t'ăĭ-tsŏu*, il répandit ses commandements dans le pays de Cháng, il fit éclater la vertu du roi Wên ; il examina à fond les nombreux crimes de Tchéou ; c'est pourquoi il appela cette musique Koēï-loân (la règle de Koēï), car c'est ce par quoi il donna généreusement le calme et la tranquillité au peuple.

Le roi Où s'est donc aidé de quatre airs de musique, dont les tons seuls, répondant à leurs caractères, ont été conservés. Le premier avait pour koūng supérieur l'ut dièse ou le ré bémol ; le second avait pour koūng inférieur le fa, c'est-à-dire qu'il était à une tierce majeure au-dessus du premier ; le troisième était en sol, le quatrième redescendait au ton de ré dièse ou mi bémol. C'est ce système de modulations qui assura l'ordre de l'armée, ses dispositions belliqueuses, la soumission du pays, enfin la prospérité du peuple. Et sans aucun doute ce récit ne prouve rien pour l'époque de la bataille, qui est le XIIe siècle avant notre ère ; mais il nous renseigne sur le sentiment de la musique au temps où il fut écrit, c'est-à-dire au Ve siècle avant notre ère. Ce sentiment est le même aujourd'hui.

M. Moule [1] cite le cas d'un amateur, familier surtout avec la musique du théatre, qui attachait une extrême importance à la différence du ton, c'est-à-dire au degré de hauteur des notes. Sans doute une éducation séculaire a formé les musiciens chinois : ils ont les liù dans l'oreille. En Europe, le diapason a été si longtemps arbitraire, qu'aujourd'hui qu'il est fixé, la mémoire en est encore assez peu répandue. En outre, dans la gamme chinoise, moins fortement constituée que notre gamme majeure, exempte en particulier de ces demi-tons qui veulent se résoudre, chaque note est perçue pour elle-même plutôt que dans son rapport avec les autres. La musique chinoise juxtapose ses notes, comme la langue ses mots, sans que rien leur attribue une fonction particulière ; il n'y a pas de sensible, de tonique ou de dominante par définition, pas plus qu'il n'y a de signe distinctif pour les verbes, les noms ou les adjectifs. Chaque mot apporte avec lui un sens, chaque note fait reconnaître sa hauteur. La succession des sens donne un sens à la

---

1 *Chinese musical instruments*, p. 143.

phrase. La suite des hauteurs trace la mélodie.

*

* *

VI. LES GAMMES NOUVELLES

La gamme de cinq notes a été complétée par deux notes supplémentaires, qui portent le nombre total à sept et introduisent des demi-tons. L'une de ces notes est placée à un demi-ton au-dessous du *cheù,* et l'autre à la même distance au-dessous du *koūng.* Si le *koūng* est un fa, la première est un si, la seconde un mi. Mais ces notes n'ont pas d'existence propre, et leurs noms le prouvent : l'une s'appelle *pién tcheù*, « qui devient *tcheù* », et l'autre *pièn koūng,*   « qui devient *koūng* ». Ce ne sont même pas des sensibles : elles ne sont usitées que comme des notes d'agrément, et dans la musique légère. Ce sont des irrégulières, qui se risquent et s'effacent aussitôt.

D'après certains auteurs, c'est la dynastie des Tcheōu qui leur aurait donné accès dans la musique, au XIIe siècle avant notre ère. Il est probable qu'elles n'y ont été introduites qu'à une date bien plus récente, et à l'imitation de la musique mongole. Ce qui est certain, c'est que Koubilaï khan, lorsqu'il conquit la Chine et fonda la dynastie des Yuēn, au XIVe siècle de notre ère, y importa une gamme de sept notes à l'octave, si exactement pareille à notre gamme majeure, qu'on a pu la croire empruntée à l'Europe. Mais à cette date notre musique ne connaissait que les modes du chant grégorien, où la gamme majeure ne figure pas. C'était sans doute la gamme nationale des Mongols. Elle s'étendait sur une octave et un ton, et n'avait pas de diapason. Chacune de ses neuf notes était représentée par un son, dont les Chinois firent aussitôt la transcription phonétique ; elles se traduiraient ainsi, en commençant au fa :

Hô	fa
Ssé	sol
Yĭ	la
Cháng	si bémol
Tch'eŭ	ut
Koŭng	ré
Fân	mi
Loŭ	fa
Woŭ	sol

En raison de sa simplicité, et malgré son origine barbare, cette nouvelle représentation des sons fut adoptée. Mais le si bémol choquait les habitudes chinoises ; souvent on le prenait pour un *pién tcheŭ* ou *si* naturel. Pour prévenir cette ambiguïté, on inventa un autre signe *keoū* pour représenter le si naturel. Mais il tomba bientôt en désuétude. Aujourd'hui encore, le *cháng* doit compter, dans certains cas, pour un si naturel et non un si bémol.

*
* *

VII. LES INSTRUMENTS

La Chine a eu pour premiers instruments de musique ceux où chaque son est donné par un organe différent : les jeux de cloches et de pierres sonores, les syrinx et les orgues, les cithares. Elle a connu plus tardivement ceux dont le principe est le raccourcissement d'une même corde, ou l'ouverture de trous au long du même tuyau : guitares, violons, flûtes, hautbois et clarinettes. Et le plus grand nombre de ceux-ci ne sont admis que dans les genres populaires.

Selon Liù Poŭ-wêï, l'empereur Hoâng-tí, sitôt en possession des bambous merveilleux, aurait chargé son ministre d'y faire correspondre des cloches ; la vérité est que les cloches ont proclamé, avant les tubes, les douze notes de la gamme. Leur alliage comportait six parties de cuivre et une d'étain, et l'art des fondeurs avait de cruels secrets. Mencius en témoigne :

« Comme Siūé, roi de Ts'ĭ, était assis en haut de la salle d'audience, des hommes qui tiraient un bœuf entravé vinrent à passer au bas de la salle. Le roi les vit, et dit :

— Où menez-vous ce bœuf ?

Ils répondirent :

— Nous allons enduire de son sang une cloche.

Le roi dit :

— Laissez-le aller. Je ne puis souffrir de le voir trembler et s'agiter, comme un innocent qui parvient au lieu du supplice.

Ils répondirent :

— Alors nous renoncerons à enduire la cloche de son sang ?

Le roi dit :

— Comment y renoncer ? Mettez un mouton à sa place.

Le peuple crut qu'il agissait ainsi par avarice.

Mais Mencius l'avait compris :

— C'est, dit-il, que vous aviez vu le bœuf et non pas le mouton.

Et le roi répondit, en citant le *Livre des Vers* :

— Un homme avait une pensée ; je la devine et la mesure.

La forme des cloches est variée ; il en est de carrées, d'ovales et de circulaires, d'évasées et de rétrécies ; les contours sont anguleux ou arrondis, parfois hérissés de petites protubérances régulières. Les unes sont dans les temples, soit de Confucius, soit de Bouddha, et appellent, comme les nôtres, à la prière ; d'autres donnent des ordres aux soldats. Celles que la musique emploie sont plus petites et suspendues à des châssis ; dépourvues de battant, on les frappe de maillets. Une cloche isolée s'appelle *Pouŏ tchoūng*. Elle indique le ton au commencement de chaque couplet. L'image en est donnée [Illustrations, figure 8].

Un jeu de cloches se nomme *Piēn tchoūng* ; le nombre était jadis de douze, comme celui des liŭ ; aujourd'hui on va jusqu'à seize, en prolongeant la gamme de quatre degrés à l'aigu. Les cloches sont disposées sur deux rangs, l'un au-dessus de l'autre, et réparties selon la division des liŭ mâles et femelles, c'est-à-dire selon deux

VII. LES INSTRUMENTS

gammes par tons entiers dont l'une commence au fa et l'autre au fa dièse.

Les instruments de pierre répondent aux cloches et jouent à leur unisson. Une seule pierre, suspendue à un châssis, se nomme *Tĕ k'ing* et donne le ton en même temps que le *Pouŏ-tchoūng* [Illustrations, figure 2]. Le jeu de pierres se nomme *Piēn k'ing* et a la même construction que le jeu de cloches. Ce sont des pierres de jade, choisies avec un grand soin et taillées en équerre. Dans un même instrument, l'épaisseur est seule variable et fait changer la hauteur du son, qui est d'une pureté suave, nous dit-on. Nous n'en pouvons guère juger aujourd'hui, ces instruments n'étant plus joués que dans les temples de Confucius, aux fêtes. Mais jadis les maisons privées en étaient pourvues. Confucius lui-même frappait les pierres du k'ing, un jour ; mais c'était au pays corrompu de Wêï, et nul ne prêtait l'oreille à des mélodies que sa vertu faisait sublimes.

Un homme qui portait sur l'épaule un panier de jonc vint à passer devant la porte du sage :

— Qu'il a de cœur, s'écria-t-il, celui qui frappe ainsi le k'ing !

Il dit encore :

— Ô hommes vils ! Son des pierres ! Nul ne le connaît, et, voilà qu'il a terminé. Si le fleuve est profond, on garde son vêtement ; si l'eau est basse, on le retrousse pour passer.

Il blâmait, par cette citation du *Livre de Vers,* ceux qui ne savent profiter des belles occasions. Confucius, l'ayant compris, répondit :

— A qui ne perd courage, rien n'est difficile [1].

La syrinx chinoise se nomme *P'ǎi-siāo* [Illustrations, figures 3 et 7]. Elle comprenait d'abord douze tubes, et en a seize aujourd'hui, disposés sur deux rangs, à l'instar des précédents instruments : elle est formée avec des liŭ de bambou, comme les autres avec des liŭ de pierre ou de métal. Comme eux aussi, elle ne se fait plus entendre aujourd'hui que dans les cérémonies religieuses.

Le *chēng* est un petit orgue à bouche [Illustrations, figures 1 et 6]. Treize ou dix-neuf tuyaux de bambou plongent dans un récipient fait d'abord d'une calebasse, aujourd'hui de bois laqué, et dont la forme rappelle celle d'une théière ; il n'y manque même pas le bec, par où l'exécutant aspire l'air. Cet air ne passe par un tube que si

---

[1] Liûn-Yŭ, XIV, 42 ; le sens est donné d'après le commentaire de Tchoū-hī.

du doigt on ferme un trou latéral percé près de sa base ; il fait alors vibrer une anche de laiton souple, qui fut jadis en or. Le son ressemble beaucoup à celui du jeu de montre, dans nos orgues, avec un peu plus de mordant. La justesse est parfaite. Selon les Chinois, cet instrument serait des plus anciens : Niù-koā, qui régnait avant Hoâng-ti, l'aurait construit, pour imiter le chant du phénix. Il est plus vraisemblable que le *p'ăï-siāo* en fut le modèle. Il est joué dans les temples de Confucius, paraît aussi aux cortèges de noces et d'enterrement, mais pour la forme, et y reste muet.

Le *yŏ*, appelé aussi *siāo* [Illustrations, figures 1 et 6], dérive également du *p'ăï-siāo*, mais d'une autre manière : on a pris un seul tube de l'instrument, et on l'a percé de six trous. Cette invention ne daterait, selon les historiens chinois, que de l'époque des Hán, qui va du IIe siècle avant notre ère au IIe après : il n'est pas impossible que quelque flûte grecque l'ait inspirée ; mais ici encore la Chine est demeurée originale en son imitation. L'instrument hellénique que par abus nous appelons une flûte avait une anche double : c'était un hautbois. Le *siāo* n'a pas d'anche, ni même d'embouchure. Il se souffle par son extrémité, comme s'il faisait partie du *p'ăï-siāo*. Sous la dynastie mongole, il fut introduit dans la musique religieuse, mais les amateurs, aujourd'hui encore, sont loin de l'avoir abandonné ; le son, moins tendre que celui de nos flûtes, est d'une transparence sereine ; et sa légèreté permet les traits les plus rapides. La gamme est la suivante :

La flûte traversière, dite jadis *tcheu*, se nomme aujourd'hui tĭ [Illustrations, figure 1]. Elle a huit trous et se joue comme la nôtre. Cet instrument, est venu après le *siāo*. Il est aujourd'hui d'un emploi général : l'orchestre des temples, celui des théâtres, les cortèges nuptiaux ou funèbres ne peuvent s'en passer. Et la jeune fille qui veut plaire n'en néglige pas l'étude. L'instrument sonne une quarte au-dessus du *siāo*, avec la même échelle.

Le *kouān-tzèu* et le *sō-noŭ* sont deux instruments à anche, très bruyants et tout populaires. Les deux syllabes qui désignent le dernier ne sont sans doute que la transcription d'un nom étranger, mongol peut-être ou tartare.

VII. LES INSTRUMENTS

Quant au mot kouàn, il désignait autrefois, un instrument tout différent, composé de deux tubes jumeaux, en bois verni, percés chacun de six trous et fermés à leur extrémité ; c'est cet instrument que représentent, en deux dimensions, les illustrations 2 et 5. Nous ne savons s'il possédait ou non des anches ; dans ce dernier cas, il y faudrait reconnaître une combinaison de la syrinx et de la flûte ; mais dans le premier on pourrait songer à une copie de la double flûte antique.

Le *hiuān* est aussi à ranger parmi les instruments à vent, mais il n'a aucun rapport avec tous ceux qui précèdent : il est fait de terre cuite ou de porcelaine, et sa forme est celle de la moitié d'un œuf. Au sommet est un trou par où l'on souffle ; cinq autres trous, percés le long des flancs, fournissent, à ce que l'on rapporte, la gamme suivante :

Il passe pour avoir été inventé aux temps de Hoâng-tí et n'est aujourd'hui en usage qu'aux temples de Confucius [Illustrations, figure 4].

Les instruments de cuivre sont deux longues trompettes, l'une en forme de large cylindre, *kaó-t'oûng*, « cornet de signal », l'autre tubulaire avec le pavillon en retour, comme chez les Romains, *lă-pá*. Le son caverneux de la première est d'usage aux funérailles, la seconde est militaire. C'est elle que Paul Claudel entend sonner devant l'enceinte vide *(Connaissance de l'Est : Halte sur le canal)*

« Et soudain un cri lugubre nous atterre ! Car le gardien de l'enclos, au pied d'une de ces portes qui encadrent la campagne du dessin d'une lettre redressée, sonne de la longue trompette chinoise, et l'on voit le tuyau de cuivre mince frémir sous l'effort du souffle qui l'emplit. Rauque et sourd s'il incline le pavillon vers la terre, et strident s'il le lève, sans inflexion et sans cadence, le bruit avec un morne éclat finit sur une quarte affreuse : do-fa ! do-fa ! L'appel brusque d'un paon n'accroît pas moins l'abandon du jardin assoupi. C'est la corne du pasteur, et non pas le clairon qui articule et commande ; ce n'est point le cuivre qui mène en chantant les armées, c'est l'élévation de la voix bestiale, et la horde ou le troupeau s'assemblent confusément à son bruit. Mais nous sommes seuls, et ce n'est pour rien de vivant que le Mongol corne à l'intersection solennelle de ces routes.

Le plus ancien des instruments à cordes est le *k'în* [Illustrations, figure 8] : c'est un luth, monté d'abord de cinq, puis de sept cordes. Ces cordes sont en soie ; toutes égales en longueur, elles ne diffèrent que par leur épaisseur, et la tension qu'on leur donne. La caisse est plate par-dessous, comme la terre, bombée en dessus, comme le ciel. Elle est faite en bois d'aréquier et vernie en noir. Des noms poétiques sont donnés à toutes ses parties, depuis la tête, qui est large et carrée, jusqu'à la queue arrondie ; deux échancrures sont les reins et le cou ; le sillet s'appelle la montagne sacrée ; deux cavités, dans la table inférieure, comptent comme l'étang du dragon et le bassin du phénix. La corde est attachée, par un nœud « en tête de mouche », à un cordonnet de soie tordu sur lui-même et qui, traversant la tête de l'instrument, vient se fixer sur une cheville. On augmente ou on diminue la torsion, par suite, la longueur du cordonnet, et la tension de la corde varie en conséquence, mais en des limites très étroites. Il faut établir d'abord un accord approximatif : on passe la corde sur la queue, dans une échancrure dite « la mâchoire du dragon », et on enroule l'extrémité sur l'un ou l'autre de deux boutons placés sous l'instrument. C'est à cette opération que procède le musicien des deux gravures reproduites [Illustrations] : de la main droite, il tire sur la corde ; et de la gauche il éprouve le son. Les figures [Illustrations] montrent comment il faut soutenir la queue de l'instrument, pincer la corde, l'aider à franchir la mâchoire du dragon, enfin la tirer.

Pas plus que nos cordes en boyau, les cordes de soie ne tiennent longtemps l'accord. L'instrument ne représente donc pas l'ordre fixe de *liŭ*. Pour chaque exécution, on le règle selon les exigences de la musique : ses cinq cordes sont instituées pour donner lés cinq notes, à partir de l'un quelconque des douze *liŭ*. Le *koūng* se trouve au centre : si ce *koūng* est *hoâng-tchoūng* ou fa, on a donc

Au temps où fut écrit le *Mémorial des Rites*, le k'în à cinq notes était déjà un instrument ancien. Le k'în à sept cordes est seul usité aujourd'hui. Les deux notes ajoutées répètent les deux premières à l'octave :

VII. LES INSTRUMENTS

Les cordes sont touchées de la main droite. Au long de la plus grave se trouvent incrustées dans le bois treize petites rondelles de métal ou de nacre : elles indiquent les places où les doigts de la main gauche doivent appuyer pour raccourcir la corde [Illustrations, figure 11]. On peut ainsi trouver sur une même corde quatorze notes, qui sont pour la première :

Le raccourcissement s'applique à toutes les cordes et donne à l'instrument une grande richesse. La notation est une tablature : elle indique le numéro de la corde, et en regard de quelle marque il faut placer le doigt ; en outre, elle prescrit le doigté de chaque main, et la manière dont la main droite attaquera la corde ; d'un doigt, de deux ou de trois, en l'attirant ou en la repoussant, en pinçant, frôlant ou martelant. Ces précautions montrent le compositeur chinois attentif non à la note seule, mais à la sonorité dont il veut déterminer les plus subtiles nuances.

Le k'în est un instrument délicat. C'est pourquoi, outre son usage rituel, les amateurs le tiennent en haute estime, et en jouent volontiers dans le secret des salles retirées, seuls ou avec quelques amis de choix, qui se taisent : véritable musique de chambre, aimée pour elle-même et non pour le succès. Et il ne suffit pas que le lieu soit paisible ; il faut aussi un cœur pur, et une attitude de respect, ou le k'în profané ne livrera pas sa beauté. La méthode qui fait suite au recueil de Siù Ts'īng-chān énumère ses vertus. Elles sont au nombre de vingt-quatre ; le k'în est à la fois :

Harmonieux. — Limpide. — Pur. — Distant. — Ancien. — Sans mélange. — Calme. — En repos. — Élégant. — Beau. — Lumineux. — Choisi. — Net. — Gras. — Rond. — Ferme. — Vaste. — Délié. — Coulant. — Solide. — Léger. — Lourd. — Lent. — Rapide.

Chacun de ces attributs est ensuite l'objet d'une méditation. Voici la deuxième *(Limpide)* :

« Trouver, pour jouer du luth, un lieu de limpidité, ce n'est pas difficile. Ce qui est difficile, c'est la limpidité dans le mouvement des doigts. Or, si les doigts se meuvent, c'est pour chercher le son. Comment donc atteindre la limpidité ? Je dis qu'il faut la chercher dans le son même. Si le son est rude, c'est signe que les doigts sont inquiets ; si le son est épais, c'est signe que les doigts sont impurs ; si le son est ténu, c'est signe que les doigts sont limpides. C'est ainsi qu'il faut scruter les notes. Or la limpidité se produit de cette manière, mais le son vient du cœur. Si donc le cœur a trouble et désordre, la main aura une sorte d'agitation ; c'est avec cette agitation qu'elle touchera le luth : comment pourrait-elle atteindre la limpidité ? Seuls les sages formés dans la retraite, à l'âme dépouillée et paisible, ont fait choix de la limpidité. Leur cœur est sans poussière, leurs doigts sont de loisir. Ils réfléchissent à la ténuité du son, et, en y pensant, ils l'obtiennent. Ce qu'on appelle ténuité, c'est le plus haut degré de la limpidité. Elle communique avec l'immensité obscure, sort de l'être et entre dans le néant, et fait voler son émanation ,jusqu'au séjour élevé de l'empereur Foü.

« Pour que les doigts exécutent leur office, il faut : d'une part, se trouver dans une disposition harmonieuse ; de l'autre, les avoir exercés. Si la disposition est harmonieuse, l'âme possède la limpidité ; si les doigts sont exercés, la note possède la limpidité. Ceux qui brûlent des parfums gardent la fumée et chassent la vapeur ; ceux qui font infuser le thé ôtent ce qui est trouble et versent ce qui est clair ; de même, pour avoir un son limpide, on lave la souillure de l'humeur, on détend l'ardeur des sentiments ; de dessous les doigts on balaie toute passion, et sur la corde on fait régner la pureté. C'est pourquoi on obtient la rapidité sans désordre et l'abondance sans excès. C'est le rayon clair dans l'eau profonde. Le sage qui possède la raison doit y parvenir sans effort.

On voit que la doctrine chinoise, au cours des siècles, est restée fidèle à son haut spiritualisme ; mais elle a gagné, au contact des religions bouddhique et taoïste, une exaltation mystique : le k'în est sacré. Un k'în monocorde est sur les genoux de cette divinité qui, « montée sur le dragon blanc, touchant une seule corde, parcourt les quatre mers [Illustration].

La sixième méditation (*Sans mélange*) se termine par ces vers :
J'aime ce sentiment

Ni tiède ni ardent.
J'aime cette saveur :
Goût de neige ou de glace.
J'aime cette rumeur :
Le vent dans les sapins, la pluie sur les bambous,
La chute du torrent, le bruissement des flots.

Ceux qui ont pu goûter la gravité suave de la soie chantante au-dessus du bois noir, sauront apprécier l'allégorie. Le barbare d'Occident qui écrit cet ouvrage se permettra une autre comparaison : elle ne passera pas pour désobligeante en un pays comme la Chine, où l'art culinaire a gardé son rang. Le son du luth chinois est aussi délicat à l'oreille qu'au palais ces nids d'hirondelles, mets sans substance, saveur évanescente, qui pourtant, apporte avec elle le souvenir des brises marines. Il faut, pour savourer l'un et l'autre, le recueillement. Ce n'est jamais par la force que s'impose la musique du luth chinois ; pareille à l'épouse selon la sagesse et les rites, elle doit sa beauté, sa puissance, à sa douceur. Elle est sœur du silence ; elle ne paraît que s'il l'accompagne ; et ce n'est pas là un de ses moindres bienfaits.

Le k'în passe pour très ancien. Un des empereurs légendaires en aurait réglé la construction : Hoâng-tí, ou même le plus ancien de tous, Foŭ-hī. Selon le *Mémorial des Rites,* c'est en s'accompagnant du luth a cinq cordes que l'empereur Chouènn chantait ces vers de sa composition :

Le souffle parfumé du vent du sud
Peut dissiper les chagrins de son peuple.
La venue opportune du vent du sud
Peut augmenter les trésors de mon peuple.

Cependant le k'în fait appel au raccourcissement des cordes, qui ne semble pas avoir été connu de toute antiquité. La question reste obscure, et nous manquons des éléments nécessaires pour discuter la tradition chinoise.

Le *chĕ* n'emploie pas le raccourcissement ; c'est une cithare et non un luth [Illustrations, figure 4]. Aussi a-t-il des cordes plus nombreuses : 27, dit le *Eûl-yà,* aujourd'hui 25. Toutes égales en longueur, on les accorde par des chevalets mobiles ; c'est, si l'on veut, une réunion de monocordes. La sonorité étant très faible, on joue d'habitude en octaves. Aujourd'hui cet instrument n'est plus en usage que dans les cérémonies ; les amateurs l'ont abandonné. Mais il n'en était pas de même au temps jadis. Tseŭ-loú, qui fut, parmi les disciples de Confucius, l'homme d'action, mais non l'homme d'étude, en touchait, et même assez mal, car un jour le philosophe, impatienté, s'écria :

— Comment les sons du chĕ de Tseŭ-loú peuvent-ils parvenir jusqu'à ma porte ?

On sourit du maladroit, et on lui témoigna moins d'égards. Confucius voulut réparer le tort qu'il lui avait fait, et observa, plus indulgent :

— Il est déjà dans la grande salle, quoiqu'il ne soit pas encore entré dans la chambre.

Le chĕ passe pour très ancien : c'est cet instrument qu'un empereur antique aurait diminué de ses cordes supplémentaires, après un morceau qui lui avait donné trop de mélancolie,. Il est possible que le chĕ ait précédé le k'în, qui en serait un perfectionnement.

Comparés à ces deux ancêtres, tous les autres instruments à cordes sont d'une jeunesse qui permet le sourire, non le respect. Le *p'î-p'à* est une guitare qui aurait été introduite par Chèu Hoâng-tí, pour remplacer les anciens instruments proscrits, à la fin du IIIe siècle avant notre ère. Le nom est sans cloute la transcription phonétique d'un nom étranger. L'instrument est monté sur quatre cordes ; une rangée de sillets, le long du manche et sur la caisse, guide les doigts. L'accord est tel, dans un ton quelconque :

On n'emploie pas les cordes à vide, ni les sillets du manche ; le premier qu'on rencontre sur la caisse donne la quinte ; les notes suivent selon l'ordre diatonique ; pour la corde de l'ut, l'échelle est la suivante :

Et de même pour les autres. C'est là, ou bien peu s'en faut, la

VII. LES INSTRUMENTS

gamme des Mongols : l'origine étrangère de l'instrument se trouve confirmée. Il n'est admis qu'au théâtre et dans la musique populaire. Il y est fort goûté [Illustrations].

Le violon est plus modeste encore. S'il a quatre cordes, il se nomme *hoû k'în*, ce qui signifie luth tartare ; s'il n'en a que deux, cette particularité est indiquée par son nom de *eúl-hiên* ; cette dernière forme est la plus répandue. Les deux cordes sont à la quinte l'une de l'autre ; dans l'instrument à quatre cordes, elles sont à l'unisson deux par deux, et encore à distance de quinte. L'archet, qui a la forme d'un arc, passe entre les cordes et ne peut s'en séparer. Cet instrument est réservé aux chanteurs des rues et aux mendiants qui le raclent sans merci.

Le *yâng-k'în* est, comme son nom le dit, le « luth étranger ». C'est une cithare à cordes métalliques, qui semble d'origine européenne. Au temps où les missionnaires chrétiens étaient bien en cour, le R. P. Pereira avait joué du clavecin devant l'empereur K'ǎng-hī qui en fut, dit-on, émerveillé ; et comme il s'occupait alors de réunir en un vaste corps tous les résultats de la science, il demanda au Père un traité sur la musique européenne. Cet ouvrage commencé par le R. P. Pereira (Siû Jěu-chēng) et achevé par le R. P. Pedrini (Tě Lì-kǒ), forme en effet la dernière partie du grand recueil sur la musique intitulé *Liǔ-liù tchéng yí, Explication correcte du système des liu*. Les artistes chinois n'accordèrent à notre musique qu'une attention polie. Mais leur « luth étranger » semble se souvenir du clavecin et de sa table d'harmonie. Il ne se touche pas des doigts, comme les instruments nationaux : il se frappe avec des baguettes de bambou.

De nos jours, le piano commence à se répandre, et surtout le violon européen, dont le son est plus doux à l'oreille chinoise.

La musique chinoise possède enfin des instruments à percussion, dont le son peu déterminé en hauteur, mais puissant, sert à marquer le rythme. Le gong, appelé *lô*, chasse les mauvais esprits loin des sacrifices, éveille l'attention des dieux qui sommeillent dans les temples, délivre la lune du dragon qui la dévore en ses éclipses, donne à l'armée le signal de la retraite, et, dans les jardins des palais, annonce avec solennité le visiteur. A l'orchestre, on emploie le *yûn-lô*, qui réunit, sur un châssis, dix petits gongs accordés selon la gamme.

Les cymbales (*pouǒ*), faites exactement comme les nôtres, et originaires, dit-on, de l'Inde, ne sont employées qu'au théâtre, où elles frémissent longuement aux endroits pathétiques. Les tambours sont nombreux et divers. Dans le culte de Confucius le grand tambour, suspendu sous son dais [Illustrations, figure 3], frappe trois coups à la fin de chaque vers. Le petit tambour, accroché à son cadre [Illustrations, figure 7] lui répond à raison de deux coups pour un ; d'où le nom qu'il porte souvent de yīng (écho). Un autre tambour, plus petit encore, est tenu sur les genoux de l'exécutant : il donne, de son côté, trois coups pour un. Enfin des tambourins montés sur des manches portent deux petites balles attachées par des cordons : il suffit d'un léger mouvement de rotation pour que les balles frappent sur les deux faces : ils donnent autant de coups que le grand tambour. Dans la musique populaire, ces différentes espèces sont remplacées par un tambour portatif, de forme plate, que l'on pose sur un trépied.

Deux appareils en bois sont employés aux temples de Confucius. L'un, nommé *tchoŭ* [Illustrations, figure 10] est une boîte carrée ; un marteau attaché au fond peut se mouvoir par un trou où l'on passe la main. Il donne deux coups au début de chaque strophe. L'autre a la forme d'un petit tigre couché, et se nomme *yù* [Illustrations, figure 9]. L'échine du tigre est dentée ; frottée d'une baguette, elle produit un bruit de crécelle à la fin de chaque strophe. Les castagnettes (*pĕ-pàn*) ont leur place dans la musique populaire et au théâtre.

* * *

VIII. LA NOTATION

La notation chinoise énonce le nom des notes dans le sens de l'écriture, c'est-à-dire par colonnes descendantes. et rangées de droite à gauche. Un point à droite marque la fin d'une phrase ou d'un membre de phrase, et les indications complémentaires sont mises en caractères plus petits, à raison de deux colonnes pour une, ainsi que les commentaires dans les éditions classiques.

Les notes sont désignées par les noms des *liŭ*, pour les jeux de cloches et de pierres. Pour la voix, on emploie d'ordinaire les cinq mots qui qualifient les cinq degrés de la gamme chinoise : koūng, chāng, kiŏ, tcheù, yù. Au début on indique à quel liù il faut mettre la note koūng. Les instruments a vent et la guitare se servent de la notation mongole, qu'ils interprètent chacun selon son diapason particulier. On peut voir [Illustrations], ces deux modes de représentations réunis : sous chaque mot la note chinoise se trouve tracée en rouge[1], et la mongole en noir. Il s'agit en effet d'un chant doublé par les instruments. Mais les ritournelles instrumentales qui séparent les strophes (6e colonne) ne sont écrites qu'au moyen des signes mongols.

Le luth et la cithare ont une tablature ; pour celle du luth, la plus explicite de beaucoup, on trouvera un exemple [Illustrations].

Mais toutes ces notations ont le défaut de ne pas indiquer la durée relative des notes, ni les silences [2]. La pratique et sans doute l'observation de certaines formules servent de guides au musicien chinois. Nous sommes moins favorisés. Tout ce que nous savons, c'est que la mesure à deux ou quatre temps est presque seule employée, et que les groupes ternaires sont rares. Lorsque la musique suit, à raison d'une note par mot, un texte en vers réguliers, nos doutes sont levés : tel est le cas pour le chant cité [Illustrations]. Mais dans tous les autres cas, et surtout pour les mélodies instrumentales, nous sommes abandonnés à notre goût, trompeur presque à coup sûr.

Le rythme est quelquefois indiqué par des signes particuliers. Mais ce que les Chinois entendent par là, c'est une suite de coups de tambours ou de castagnettes, indépendante de la mélodie et qu'on peut varier à volonté. Un recueil de chansons populaires qui donne ou plutôt propose des rythmes, cite à ce propos cette expression : « la mélodie morte, et le rythme vivant », c'est-à-dire mobile. C'est un contrepoint libre, et le plus souvent improvisé.

* * *

IX. MUSIQUE RELIGIEUSE

Aux temps anciens, la musique est de toutes les cérémonies. Elle accompagne la victime au sacrifice, et chante la prière au ciel, à la

---

1 Dans la reproduction, le rouge a été remplacé par du gris.
2 Cependant les tablatures de luth signalent les notes qu'il faut prolonger, ou raccourcir, mais sans leur attribuer une valeur déterminée.

terre, aux montagnes, aux fleuves, aux vents et aux saisons. Luth, cithare et tambour rendent propice l'esprit de Chênn-noûng, le divin laboureur [1] ; devant le temple des ancêtres, on dispose les tambours, les pierres sonores, l'orgue à bouche et la double flûte :

Leurs sons s'élèvent de concert,
Leurs chants s'accordent gravement,
Les ancêtres prêtent l'oreille,
Et les hôtes qui sont venus
Écouteront sans lassitude [2].

Mais les rites, avec le temps, devinrent plus austères, et, vers la fin du IIe siècle avant notre ère, le peuple seul conviait encore des joueurs d'instruments à ses sacrifices ; l'empereur, souverain pontife, accomplissait les siens en silence. Cet empereur, nommé Où, avait un favori, Lì Niên-yèn, qu'il aimait justement pour son talent de musicien ; sur son conseil, il réunit les seigneurs et leur demanda s'ils trouvaient cette exclusion légitime. La réponse fut que « les anciens, lorsqu'ils sacrifiaient au Ciel et à la Terre, avaient toujours de la musique, afin d'atteindre les esprits divins et d'accomplir les rites ». De ce jour, musiciens, chanteurs et danseurs, reprirent leur place dans le culte [3].

Ils la gardent aujourd'hui, avec cette différence que les plus grands honneurs ne sont pas décernés aux antiques divinités de la nature, mais au sage par excellence, Confucius. Lorsque l'empereur ou son représentant se rend au temple du philosophe, 14 musiciens et 11 porteurs d'emblèmes le précèdent [4]. Il s'avance seul, à pied, d'un pas recueilli, aux sons de l'orgue à bouche, des flûtes, des tambours, du jeu de gongs et des castagnettes (la mélodie est donnée [Illustrations, mélodie 1] .

Il parvient au temple, où l'attendent les chanteurs et l'orchestre des cloches, des pierres, des luths et des cithares. Trente-six danseurs, en deux groupes égaux, sont rangés sur la terrasse de marbre ; comme leur danse sera pacifique et non guerrière, ils tiennent, de la main droite, la longue plume, de la gauche, la courte baguette

---
1 *Cheū Kīng*, Siào Ià, VI, 7.
2 *Cheū Kīng*, Soùng, II, 5.
3 Se-ma Ts'ien, *Mémoires historiques*, XXIV.
4 La description qui va suivre est donnée, ainsi que les textes et la musique, par Van Aalst, *Chinese Music*, p. 25.

IX. MUSIQUE RELIGIEUSE

qui a succédé à l'ancienne flûte. Le silence est profond. L'empereur s'avance jusqu'à l'autel ; le grand maître des cérémonies frappe le petit tambour qu'il tient à la main, et la musique commence. Elle est invariable, mais se joue, chaque mois, dans le ton du liŭ correspondant. Celui de fa ou hoâng-tchoūng, qui est cité ici, convient au onzième mois. C'est le jeu des cloches qui donne le ton, au début. C'est lui aussi qui inaugure chaque note, les voix le suivent, puis les luths et les cithares ; le jeu de pierres termine : il « recueille et transmet » le son à la note suivante. [Illustrations, mélodie 2].

I. — *Pour aller au-devant de l'esprit.*

Grand est Koung tze !

Il a prévoyance et prescience.

Avec le Ciel et la Terre il forme trinité.

De tous les siècles il est le maître.

Présage de bonheur, licorne couronnée.

A la rime répond le métal et la corde.

Le soleil et la lune se dévoilent.

Ciel et terre sont purs et joyeux.

Pendant cette première strophe, ni l'officiant, ni les danseurs ne font un mouvement : la divinité approche.

II. — *Première offrande.*

Je médite sur la claire vertu.

Le jade termine les sons du métal.

Parmi les vivants nul ne fut son égal ;

Son étude a tout pénétré.

Voici les vases vieux de mille ans.

Chaque année aux jours prescrits

Le vin limpide y est offert,

Dont voici le parfum qui monte.

Ici l'empereur plie les genoux deux fois et frappe trois fois la terre de son front ; puis il présente les fruits de la terre et le vin. Les danseurs ont commencé leurs lentes évolutions.

III. — *Deuxième offrande.*

Rien ne manque au sacrifice régulier.

Dans le sanctuaire on fait la deuxième offrande.

Tambours et cloches unissent leurs échos.
Avec une foi sincère, les coupes sont présentées,
Avec douceur et gravité.
Les assistants ont grand et bon renom.
Les rites dirigent et la musique purifie.
Leur mutuel secours atteint la perfection.
L'empereur, avec les mêmes gestes de respect, offre les viandes. La danse se poursuit.

IV. — *Dernière offrande.*

Depuis les temps anciens, au cours des âges,
Ceux d'autrefois ont fait ce sacrifice.
Sous le bonnet sacré, ils ont offert les plantes.
Conforme à la raison était leur musique.
Seul le ciel guidait le peuple,
Seul le sage s'accommodait aux jours ;
Tous les devoirs étaient mis à leur place.
Jusqu'à ce jour le battant de bois résonne.
L'empereur offre l'encens et les pièces de soie.

V. — *Pour enlever les viandes.*

L'ancien maître a dit une parole :
— En offrant le sacrifice on obtient le bonheur.
Dans les écoles de l'empire
Qui oserait manquer de respect ?
Le rite est terminé, on annonce l'enlèvement.
Point de négligence, point d'abandon.
Soyons heureux de ce qui est notre nature.
« Sur la colline il est des fèves [1]. »
Les assistants débarrassent les tables ; l'empereur et les danseurs sont revenus à l'immobilité, qu'ils gardent pour la suivante et dernière strophe.

VI. -*Pour reconduire l'esprit.*

Hautes sont les montagnes Foû et Yĭ,
Larges sont les rivières Tchoŭ et Séu.

---
1 Allusion à une ode du *Livre des vers.*

Les belles actions sont agissantes,
Elles étendent leurs bienfaits sans limite.
Or le sacrifice a brillé,
Le sacrifice glorieux,
Pour le bien de notre peuple prospère,
Pour la protection de nos écoles.

La musique est toute en phrases de quatre notes, selon les quatre syllabes de chaque vers chinois. Chacune des strophes développe librement un motif invariable, et termine sur la note par où elle a commencé. Un équilibre sûr, mais non contraint, une gravité qui repousserait, comme des familiarités, la tendresse ou la supplication de nos prières, qui n'a pas à s'apitoyer sur un héros qui n'a pas souffert, qui ne craint pas davantage une colère où il ne s'abaissera pas ; un acte d'adoration, un hommage, un rite suprême. Ce sont des hauteurs abstraites où l'Occidental se sent défaillir, mais l'air qu'on y respire, s'il est rare, est aussi d'une pureté céleste ; ici l'on dépouille toute passion, et l'on plane au-dessus de la terre sans en être attiré.

On revient quelque peu sur terre avec le chant dont la seconde strophe est reproduite à la page 97 : il appelle sur la tête impériale des prospérités inouïes, jointes à une longévité surhumaine. Les vers de sept syllabes accumulent les épithètes laudatives avec une abondance qui défie toute traduction. L'orchestre prélude, et fait une ritournelle après chaque strophe, selon une mesure qu'il nous est impossible de deviner ; celle du chant est indiquée par les vers [Illustrations, mélodie 3].

C'est une musique de cour, dont la noblesse un peu guindée a pourtant sa douceur, non de sentiment, mais d'allure : une noblesse chinoise, accoutumée aux gestes du respect et de la bienveillance.

* * *

X. MUSIQUE DE CHAMBRE

Un bon lettré ne peut ignorer la musique.

Confucius en donne l'exemple : il sait, comme personne, battre les pierres sonores ; il a appris le luth, avec cette application obstinée qui est la marque de son esprit, forçant son maître à lui faire répéter le même air jusqu'à ce qu'il fût certain d'en avoir saisi la signification. Plus tard, la musique accompagne ses doctes entretiens. Le *Liûn-yù* [1] nous montre, assis auprès de lui, quatre disciples de loisir. Confucius les engage à lui parler :

— Quand je serais plus âgé que vous d'un jour, n'en tenez pas de compte. Étant dans la retraite, vous dites : Je ne suis pas connu. Supposez que l'on vous connaisse, que feriez-vous ?

Tzeù-loú, le même qui travaillait la cithare avec peu de succès, répond le premier, sans prendre le temps de la réflexion : qu'on lui donne un royaume de mille chars de guerre, étouffé entre des états rivaux, envahi par leurs armées, souffrant de la disette par surcroît, il se fait fort, en trois ans, de relever les courages et de ramener le peuple à ses devoirs. Confucius sourit. Les deux disciples qui parlent ensuite, avertis, affectent la modestie : l'un ne demande qu'à gouverner une province, afin d'assurer à chacun sa suffisance, et l'autre se contenterait, sous la robe sombre et le bonnet rituel, d'assister, humble fonctionnaire, aux grands sacrifices. Le plus jeune cependant joue de la cithare. Son tour venu, il tire encore quelques sons de l'instrument ; mais, comme la vibration se prolonge, il le dépose, se lève :

— Mon opinion est toute différente de celle des trois disciples.

Confucius répond :

— Qui vous retient ? Chacun ici doit exprimer sa pensée.

Il dit alors :

— Quand le printemps est passé, ayant quitté ma robe de printemps et coiffé le bonnet, je veux, en compagnie de quatre ou cinq hommes, de cinq ou six jeunes gens, aller me baigner dans la rivière Yï, me livrer au vent sur la colline où l'on fait des sacrifices pour la pluie, chanter une chanson et revenir.

C'est à lui que le maître donne raison : le musicien est un sage.

Tsaï-Yong, le héros du drame célèbre intitulé *P'ï-p'à kí* ou *l'Histoire de la guitare* (fin du XIVe siècle), est aussi, en sa qualité de lettré distingué, reçu premier au concours, un excellent musicien. Séparé de sa femme fidèle et contraint d'épouser la fille d'un grand seigneur, Niéou-chi, il se fait apporter son luth pour chanter sa

---

1 XI, 25.

X. MUSIQUE DE CHAMBRE

peine ; tout à la mélodie confidente de son cœur, il ne remarque pas les coquins de valets qui, autour de, lui, cassent un éventail ou laissent tomber des livres. Niéou-chi survient, et lui demande des airs gais ; mais il n'en trouve que de tristes ; elle s'étonne, et il répond par allégorie [1] :

— C'est qu'autrefois, quand je chantais, je jouais toujours de mon vieil instrument.

— Où est donc votre vieux luth ?

— Il y a longtemps que je l'ai jeté de côté.

— Pourquoi l'avez-vous jeté de côté ?

— Parce que j'ai maintenant un nouveau luth.

— Seigneur, souffrez que votre servante vous interroge encore. Pourquoi ne quittez-vous pas votre nouveau luth pour reprendre le vieil instrument dont vous jouez si bien ?

— Ma femme, croyez-vous que, dans le fond de mon cœur, je n'aime pas toujours mon vieux luth ? Ah ! c'est qu'il ne m'est pas permis de quitter celui-ci.

— Seigneur, encore une question, je vous prie. Puisqu'il ne vous est pas permis de quitter votre nouveau luth, d'où vient que vous conservez de l'attachement pour l'ancien ? Seigneur, il ne vient quelque chose à la pensée. Je crois que votre cœur n'est pas ici.

— J'ai brisé mon vieux luth ; et maintenant, quand je veux jouer sur cet instrument nouveau, je. ne m'y reconnais plus. Je confonds le fa avec le sol.

— La confusion n'est pas là ; elle est dans votre cœur.

Ainsi Niéou-chi commence à pressentir la vérité. Elle comprend les figures où son mari avoue sa pensée, car la musique, pour elle aussi, est un art familier.

De nos jours, on l'abandonne un peu, depuis qu'on a reconnu la dure nécessité d'étudier, pour être forts, les sciences occidentales. Les jeunes gens qui se destinent à la carrière d'ingénieurs ou de diplomates affectent même le dédain pour un exercice qui n'a pas d'utilité. Mais il ne faut pas toujours les en croire : un Chinois de bonne race a devant nous quelque pudeur de sa civilisation ; il nous la cache, de peur que nous ne la comprenions pas ; et ce sentiment

---

[1] Traduction de Bazin.

est souvent justifié. Il a été donné à l'auteur de cet ouvrage, quoique indigne, d'entendre une fois un de ces étudiants vêtus à l'européenne jouer de sa flûte droite ; il a même dû, non sans honte, décliner l'autre flûte qui, selon l'usage amical, lui était offerte, afin de soutenir un dialogue en musique. Il n'en a que mieux écouté des mélodies légères ; répandues et évaporées aussitôt, renaissantes, dissoutes encore, d'une grâce instable et qui semblait fuir la terre.

Le luth se dérobe aux profanes ; mais il a ses livres, que nous pouvons déchiffrer. Les plus subtiles nuances y sont prescrites ; souvent le doigt qui presse la corde doit dépasser la marque fixe, d'une longueur soigneusement déterminée, « afin, disent les méthodes, de se conformer aux liŭ », c'est-à-dire de jouer juste dans tous les tons. Il arrive aussi que deux ou trois cordes sont touchées à la fois ; il semble qu'on observe alors la règle suivante : au cours d'une strophe, toute sorte d'accord peut intervenir, mais surtout les secondes majeures et les tierces mineures ; pour terminer au contraire, il faut une octave, une quinte ou une quarte. Les agréments sont nombreux, et chacun a son signe : on atteint la note en glissant, soit d'en haut, soit d'en bas, on la fait vibrer par des oscillations dont l'ampleur est prévue ; souvent, la corde résonnant encore, le doigt quitte sa position, laissant entendre, comme en écho, des broderies variées où le luth rivalise avec la flûte. Nulle virtuosité cependant : les doigts, comme le cœur, restent calmes. La fantaisie se meut dans la sérénité. Ce musicien correctement assis [Illustrations] joue un air intitulé : *Au ciel l'aurore de printemps*. Le livre, d'avance étudié, enjoint de frapper d'abord la première corde à vide, du troisième doigt et en tirant, puis la seconde de même, la première encore, la troisième, la sixième du pouce et en tirant, la première :

[Illustrations]

Il y a ici une ponctuation, puis il faut, de l'index, parcourir la troisième et la deuxième corde, s'arrêter, reprendre le tout, poursuivre, et cette fois la main gauche entre en jeu.

On trouvera plus loin [Illustrations, mélodie 4] la musique de la première strophe.

XI. MUSIQUE POPULAIRE

Aux temps anciens, la musique était associée à tous les rites de la vie privée : le luth et la guitare accompagnaient les festins [1] ; des symphonies joyeuses accueillaient la fiancée, ainsi qu'en témoigne cette chanson nuptiale [2] :

C'est le cri, le cri des mouettes
Par les îlots de la rivière.
Celle qui vit pure et secrète,
Bonne compagne pour le prince.

Diverses, les lentilles d'eau,
A droite, à gauche, sont flottantes.
Celle qui vit pure et secrète,
Nuit et jour nous l'avons cherchée.
La cherchant sans la trouver,
Nuit et jour nous avons pensé,
Si longuement, si longuement
Nous tournant et nous retournant.

Diverses, les lentilles d'eau,
A droite, à gauche, sont cueillies.
Celle qui vit pure et secrète,
Cithare et luth lui font cortège.
Diverses, les lentilles d'eau,
A droite, à gauche, sont servies.
Celle qui vit pure et secrète,
Tambours et cloches lui font fête.

En des occasions moins solennelles, la musique intervient aussi :

---
[1] *Livre des vers*, Siào yà, 5 et 6.
[2] *Livre des vers*, Kouŏ foüng, I, 1, 1.

elle célèbre un retour désiré [1] :

Mon seigneur est souriant,
Une flûte en sa main gauche,
De la droite il m'invite à sortir.
O joie, ô quelle joie !

Mon seigneur est radieux,
L'éventail en sa main gauche,
De la droite il m'invite à venir.
O joie, ô quelle joie !

Et les jeunes gens se réunissent, hors les murs des villes, pour danser sur les esplanades [2] :

A la porte de l'est des ormes,
Et des chênes sur la colline.
La fille de Tzèu-tchoŭng, la belle,
Dessous les arbres va dansante.

On choisit belle matinée
Au sud est une aire élevée,
Elle ne file pas le chanvre,
Mais sur la place va dansante.

On sort par belle matinée,
Et l'on marche en grande assemblée.
Belle à voir comme fleur de mauve,
Des grains de poivre en ma main pose.

La musique qui préside à ces fêtes et ces galanteries était sans doute populaire, au sens premier du mot, qui n'est plus le nôtre : elle était

---
[1] *Livre des vers*, Kouŏ foŭng, VI, 3.
[2] *Livre des vers*, Kouŏ foŭng, XII. 2.

destinée à un peuple où tous avaient même goût. Au,jourd'hui la distance est si grande entre riches et pauvres, lettrés et artisans, maîtres et serviteurs, que les instruments mêmes diffèrent. Les uns gardent comme des privilèges leurs luths, leurs cithares et leurs flûtes délicates, laissant à la masse ignorante la guitare, les violons et les hautbois. Mais ces humbles sont, eux aussi, passionnés de musique ; ils y mettent quelque grossièreté : leurs oreilles gloutonnes se régalent de bruit ; même elles sont contentes si le grincement des archets ou des anches les écorche un peu. Mais les airs qu'on leur offre, simples et sans ornement, par là même nous touchent davantage : ils laissent plus naïvement transparaître, sous leur douceur paisible, l'émotion. Une musique alerte accompagne la chaise close où la fiancée, en joyeux cortège, est conduite à la maison qui sera sienne [Illustrations, mélodie 5]. Une musique funèbre précède le cercueil [Illustrations, mélodie 6].

Hautbois et clarinettes font retentir ces accents sur le tumulte des rues. Mais, dans le privé, l'instrument d'élection est la guitare, plus sonore que le luth, moins nuancée, douce encore. Elle accompagne le chant de la jeune fille qui n'a pu retenir un amant passager [1]

En secret, en secret je soupire ; qui connaît mon malheur ?

Depuis le temps qu'il est parti, pas une fois une lettre ne m'est venue.

Toute cette douleur me vient de vous, seigneur !

Vous avez appris à votre esclave à passer toute la nuit en rêves insensés.

Ah ! dans une existence passée, il faut., je pense, que je n'aie pas fait mon devoir : c'est pourquoi, aujourd'hui, mon lot est le mépris.

Aux visages fardés de rouge est réservée la solitude amère ; je ne sais combien l'amertume durera.

On m'invite, et je tourne le dos pour essuyer les larmes de mes joues.

Je crains que les traces de ma tristesse ne révèlent mes pensées d'amour.

Mais je ne sais comment me délivrer de ce mot unique : douleur.

---

1 *Youĕ ngeoŭ*, p. 4. *Cantonese love longs*, 1, p. 26 ; 11, p. 33.

Ah ! vraiment, le goût en est pénible !
Ciel, il me semble qu'ayant créé les hommes, tu ne devais pas leur infliger l'absence.

Telle autre, qui habite seule en quelque rue nocturne de la ville, s'afflige aussi [1] :
Fleur de fumée, iah ! allée de saules !
Elle a son tablier, ses épingles, iah !
Sur ses joues à mis le bon fard,
Empourprée comme fleur qui s'ouvre, iah !
On croirait voir venir un ange.
    Haï ! haï ! haï !
    Aï iah ! hou haï iah !
    Elle a pris et mis son enseigne.
    Haï ! haï ! haï

C'est avec la mort dans l'âme qu'elle fait ces apprêts. Enfant, elle a été vendue par ses parents ; elle a connu les mauvais traitements, les coups ; elle énumère les hontes qui lui furent enseignées ; vieillie, elle sera méprisée, sans amis, et plus tard un fils ne brûlera pas l'encens devant sa tablette funèbre ; un sauveur ne se trouvera-t-il pas pour la sortir d'infamie ? Sa plainte est sans révolte, et, comme sa sœur délaissée, elle croit, en bonne bouddhiste, « avoir péché en une autre existence ». La mélodie atteste sa peine résignée [Illustrations, mélodie 7].

Ce sont là les quartiers extérieurs de la cité chinoise, facilement accessibles à l'Européen. Mais le foyer paisible a aussi ses chansons, qui nous livrent un peu de son secret. L'épouse y dévoile ses vertus de douceur, de fidélité, de soumission, et une tendresse qui resterait toujours cachée, sans le déchirement du regret. Le mari est allé à la capitale pour les examens ; depuis six années sa femme est sans nouvelles, et se désole. Un jour, elle demande à son miroir de lui présenter les traits aimés, mais elle n'y trouve que les siens, et, désespérée jusqu'à la colère, brise le verre ingrat. A ses lamenta-

---

1 VAN AALST, *Chinese Music*, p. 42. Il n'est donné que le texte de la première strophe et le résumé des suivantes.

XI. MUSIQUE POPULAIRE

tions prolongées, guitares et violons répondent [Illustrations, mélodie 8].

Un autre est parti pour la guerre, et l'appel de la délaissée monte à chacune des cinq veilles nocturnes [Illustrations, mélodie 9].

Celle-ci est veuve, et chacun des douze mois lui rappelle un souvenir de bonheur [Illustrations, mélodie 10].

Soumises à de moins austères devoirs, les jeunes filles sont gaies, insouciantes, d'une coquetterie espiègle et détournée. L'une d'elles sait fort bien dépêcher sa chambrière à son amoureux, un étudiant timide, sous prétexte qu'elle est malade et réclame ses soins ; s'il ne vient pas, elle sera fâchée au point de briser son encrier, déchirer ses maudits livres et même griffer ses sottes joues. Une autre, richement dotée, a fait publier qu'elle voulait prendre un époux, et que les prétendants devaient se rassembler. Au jour dit, elle monte au balcon, parcourt des yeux la foule soyeuse des élégants, et jette la pomme qui décide de son choix à l'ami d'enfance aperçu dans un coin, triste sous ses pauvres habits de coton. Une belle languissante en son lit confie sa peine à une voisine, en une chansonnette dialoguée :

PREMIÈRE STROPHE
Chanté. — Hors de la fenêtre de gaze, fenêtre de gaze, iah !
C'est la voisine qui frappe, tape.
La jeune fille demande : — Qui est là ? iah !
— Votre voisine, Madame Wang.
Madame Wang ouvre la porte, s'assied dans le haut fauteuil.
Iho iho haï !
Parlé. — — Vous me négligez, iah ! de ne pas venir à ma pauvre demeure.
DEUXIÈME STROPHE
Chanté. — Elle soulève les rideaux brodés de fleurs, iah !
Respire le parfum du fard pourpre,
Relève les couvertures de damas rouge, iah !
Examine, examine la jeune fille :
La jeune fille est maigrie au point de n'avoir plus figure humaine.

Iho iho haï !

Parlé. — — Demoiselle, comment avez-vous été ces jours passés ?

TROISIÈME STROPHE

Chanté. — — Votre servante ces jours passés, nah !
A été languissante et dolente.
Boire mon thé ne me disait rien, ah !
Et pour manger je n'avais pas d'appétit.
Boire et manger me répugnent et je puis à peine m'y forcer.
Iho iho haï !

Parlé. — — Voulez-vous que j'appelle un médecin pour vous examiner ?

QUATRIÈME STROPHE

Chanté. — — Votre servante n'en appellera pas, iah !
Votre servante n'en veut pas.
Si j'appelle un médecin, iah !
Il va me tâter le pouls, m'ausculter.
Tâter le pouls, iah ! ausculter, votre servante s'en effraie.
Iho iho haï !

Parlé. — — Voulez-vous que j'appelle un prêtre de Bouddha ?

CINQUIÈME STROPHE

Chanté. — — Votre servante n'en appellera pas, iah !
Votre servante n'en veut pas.
Si j'appelle un prêtre de Bouddha, iah !
Il va faire tinter, sonner les clochettes.
Tinter, iah ! Sonner, votre servante s'en effraie.
Iho iho haï !

Parlé. — — Voulez-vous que j'appelle un lama ?

SIXIÈME STROPHE

Chanté. — — Votre servante n'en appellera pas, iah !
Votre servante n'en veut pas.
Si j'appelle un lama, iah !
Il va chanter, fredonner.
Chanter, ah ! fredonner, votre servante s'en effraie.
Iho iho haï !
Parlé. — — Voulez-vous que j'appelle un sorcier ?

SEPTIÈME STROPHE
Chanté. — — Votre servante n'en appellera pas, iah !
Votre servante n'en veut pas.
Si j'appelle un sorcier, iah !
Il va faire des charmes et des incantations.
Des charmes, ah ! des incantations, votre servante s'en effraie.
Iho iho haï !
Parlé. — — Vous ne voulez pas ceci, vous ne voulez pas cela.
Cette maladie, comment vous est-elle venue ?

HUITIÈME STROPHE
Chanté. — — Au troisième mois, au troisième mois, iah !
Par la sérénité du troisième mois,
Quand les fleurs du pécher s'ouvrent, iah !
Et que les saules verdissent,
Un jeune homme, ah ! un jeune gentilhomme était allé regarder le printemps.
Iho iho haï !
Parlé. — — Regarder le printemps ou non, que vous importait ?

NEUVIÈME STROPHE
Chanté. — — Il aime votre servante, iah !
Parce que je suis rose et belle.
Votre servante l'aime, iah !
Parce qu'il est jeune et savant.

Et j'ai dit avec lui quelques paroles d'amour.
Iho iho haï !
Parlé. — — Amour où non, n'avez-vous peur que vos parents le sachent ?

DIXIÈME STROPHE
Chanté. — — Le papa de votre servante, iah !
A soixante et dix-huit ans.
La maman de votre servante, iah !
A l'oreille dure et les yeux blancs.
Ni l'un ni l'autre ne me fait la moindre peur.
Iho iho haï !
Parlé. — — N'avez-vous pas peur que votre frère et votre belle-sœur le sachent ?

ONZIÈME STROPHE
Chanté. — — Le frère de votre servante, iah !
N'est jamais à la maison.
La belle-soeur de votre servante, iah !
Est toujours chez sa mère.
Ni l'un ni l'autre ne me fait la moindre peur.
Iho iho haï !
Parlé. — — N'avez-vous pas peur que vos sœurs le sachent ?

DOUZIÈME STROPHE
Chanté. — — La sœur aînée de votre servante, iah !
En fait bien à peu près autant.
La sœur cadette de votre servante, iah !
Est trop jeune pour y voir du mal.
Et vous êtes bien d'accord avec moi.
Iho iho haï !
Parlé. — — Quel est donc votre désir ?

TREIZIÈME STROPHE

Chanté. — — Très honorée Madame Wang, ah !
Je vous prends pour ma mère adoptive,
Et je fléchis le genou devant vous, ah !
Je vous supplie d'être ma mère adoptive,
Et de terminer cette affaire selon mon désir.
Iho iho haï !
Parlé. — — Et si je ne la termine pas ?
Chanté. — — Si vous ne la terminez pas, je mourrai de chagrin.
Iho iho haï!

Cette complainte d'amour garde en ses paroles, comme en sa musique, un enjouement puéril, dont elle est plus touchante [Illustrations, mélodie 11].

***

XII. MUSIQUE DE THÉATRE

Le théâtre n'est pas en Chine d'institution ancienne. La musique était accompagnée de danse, et cette danse pouvait représenter des actions, mais elle était muette : c'était une pantomime. Dans le *Mémorial des Rites,* Confucius prend la parole pour expliquer les figures d'un de ces ballets qui célébrait la victoire remportée par le roi Où sur Tchéou, dernier empereur des Yīn, au XIIe siècle avant notre ère.

— La musique, dit-il, c'est un événement accompli. Quand les danseurs, tenant leurs boucliers, restent immobiles comme des rocs, cela concerne le roi Où. Quand ils lèvent les bras et frappent fortement du pied, c'est la résolution de T'äi-kōng [1]. Dans le désordre de la bataille, quand ils mettent tous un genou en terre c'est l'ordre rétabli par les ducs de Tcheou et de Chào.

Cette danse, comme on voit, ne copiait pas la nature ; véritable musique, elle traduisait les sentiments.

Ces spectacles étaient fort goûtés. Un danseur n'était pas infâme,

---

1 Grand officier de Où, chargé d'aller, avec 100 hommes, provoquer l'ennemi.

et l'exercice de son art était sa joie [1] :
Négligemment, négligemment,
Je vais danser la pantomime.
C'est bientôt le milieu du jour
Je suis en haut et en avant.
J'ai belle taille et grande allure,
Dans le palais du roi je danse,
Comme le tigre je suis fort,
Les rênes sont pour moi rubans.
Ma main gauche tient une flûte,
L'autre une plume de faisan.
Mon visage ardent semble peint,
Le roi me fait donner à boire.

Mais au temps où cette chanson fut recueillie dans le *Livre des Vers,* les idées avaient changé ; la danse paraissait frivole, et, pour que la morale ne perdît pas ses droits, on inventa une anecdote : un seigneur, contraint de danser par son roi, aurait dépeint sa honte en ces couplets ; pour justifier cette interprétation, il parut nécessaire d'en ajouter un autre, différent par le rythme autant que par le caractère
Sur les monts le coudrier,
Dans les marais la réglisse,
Savez-vous bien à qui je pense ?
Aux bons princes de l'occident.
C'est aux bons princes que je pense,
à ces princes de l'occident.
Manière détournée de dire qu'il faut mettre chaque chose en sa place, et qu'en d'autres pays il est des princes sages. Ce discrédit d'une profession jadis honorable tient sans doute à ce que les spectacles avaient changé de nature : ce n'étaient plus toujours des sentiments héroïques qu'ils voulaient inspirer. La galanterie y gagna de plus en plus, si bien que sous la dynastie des T'âng un vertueux empereur voulut proscrire un art licencieux, et le remplacer par un

---

[1] *Livre des vers,* Kouŏ Foŭng, III, 13.

XII. MUSIQUE DE THÉÂTRE

autre qui, étant nouveau, ne serait pas corrompu : c'est ainsi que le théâtre aurait été inventé. Sans doute la parole avait déjà été jointe au geste, en quelque farce ou parade villageoise, mais ce procédé n'avait pas reçu jusqu'alors la sanction officielle. Cet empereur se nommait Yuên-tsoūng ; c'est en 720 de notre ère qu'il fonda une école d'acteurs, appelée d'un nom qui est resté traditionnel, le *Jardin des poiriers*. Il aurait même écrit, pour la première pièce que ces artistes devaient interpréter, une musique qu'un esprit lui avait dictée en rêve.

Les représentations dramatiques obtinrent un grand succès, sans devenir une institution publique. L'empereur avait ses comédiens, les grands eurent les leurs, et il ne resta au peuple que des troupes ambulantes, qui louent leurs services pour une soirée particulière, une fête de corporation, ou tentent la fortune par les places et les carrefours, sur des tréteaux improvisés. De nos jours seulement, et dans les très grandes villes, il existe des théâtres permanents, dont on peut lire les annonces dans les journaux, avec les titres des pièces et les noms des interprètes. Ces établissements sont d'ordinaire des « jardins de thé », où le spectateur est aussi consommateur.

Les deux sexes ne sont pas mélangés sur la scène ; acteurs et actrices forment des sociétés distinctes, les premiers, dit-on, bien supérieurs aux autres, surtout dans les rôles de jeunes filles. Les pièces sont divisées en actes et précédées généralement d'un prologue qui en fait connaître le sujet. Les personnages secondaires ne font que parler ; mais les héros chantent, dès que le sentiment les domine. L'orchestre, avec ses guitares, ses violons, ses clarinettes et ses nombreux instruments à percussion, accompagne le chant, et soutient aussi la déclamation. M. Paul Claudel, qui l'a entendu à l'œuvre, s'en souvient ainsi[1] :

« L'orchestre par derrière, qui tout au long de la pièce, mène son tumulte évocateur, comme si tels que les essaims d'abeilles que l'on rassemble en heurtant un chaudron, les phantasmes scéniques devaient se dissiper avec le silence, a moins le rôle musical qu'il ne sert de support à tout, jouant, pour ainsi dire, le souffleur, et répondant pour le public. C'est lui qui entraîne ou ralentit le mouvement, qui relève d'un accent plus aigu le discours de l'acteur, ou qui, se soulevant derrière lui, lui en renvoie aux oreilles la bouffée

---
1 *Connaissance de l'Est. Théâtre.*

et la rumeur. Il y a des guitares, des morceaux de bois que l'on frappe comme des tympans, que l'on heurte comme des castagnettes, une sorte de violon monocorde qui, comme un jet d'eau dans une cour solitaire, du filet de sa cantilène plaintive, soutient le développement de l'élégie ; et enfin, dans les mouvements héroïques, la trompette. C'est une sorte de bugle à pavillon de cuivre, dont le son chargé d'harmoniques a un éclat incroyable et un mordant terrible. C'est comme un cri d'âne, comme une vocifération dans le désert, une fanfare vers le soleil, une clameur éructée d'un cartilage d'éléphant. Mais la place principale est tenue par les gongs et les cymbales dont le tapage discordant excite et prépare les nerfs, assourdit la pensée, qui, dans une sorte de sommeil, ne vit plus que du spectacle qui lui est présenté. Cependant, sur le côté de la scène, suspendus dans des cages de jonc, deux oiseaux, pareils à des tourterelles (ce sont, paraît-il, des Pelitze, ils viennent de Tientsin), rivalisant innocemment avec le vacarme où ils baignent, filent un chant d'une douceur céleste.

Ainsi le drame chinois est chargé de musique au même degré que notre opéra, sinon par le même procédé. Si, de ce tumulte, une oreille européenne est plus surprise que charmée, il faut se rappeler le mot de ce Chinois qui, sortant d'un de nos théâtres musicaux, me disait :

— Quand on ne comprend pas, on trouve qu'il y a trop de bruit.

Les chants des acteurs sont toujours des airs populaires, dont le livret indique seulement les premiers mots, ou, comme nous disons, le timbre. Mais l'artiste de talent peut les varier à son gré, pourvu qu'il leur garde leur ton ; ainsi les deux parties du public sont satisfaites : la foule, debout au parterre, reconnaît sa chanson ; et les mandarins, qui, aux loges, fument et boivent le thé, apprécient l'invention des ornements. Les paroles ne sont pas plus faciles à bien entendre que sur nos scènes lyriques ; il est bon de les connaître d'avance, sans quoi on perdrait de célèbres morceaux de poésie, comme celui-ci, qui, dans l'*Histoire de la guitare,* termine la scène citée précédemment.

Tsaï-Yong, après l'entretien avec sa seconde femme, demeuré seul, se livre à son regret [1] :

« Je pense au triste jour où je recommandai mon père et ma mère

[1] Traduction de Bazin.

XII. MUSIQUE DE THEATRE

à mon épouse et au seigneur Tchang ; où je m'éloignai, en pleurant, de mon pays natal ; mais, dans l'excès de mon chagrin, je n'avais pas tout prévu. Quand on parla dans le monde de la famine de mon pays, je fus prêt à m'évanouir de terreur. Quoi ! pas une lettre, pas un mot ! De sinistres pressentiments me viennent, mon sommeil est interrompu.

« Cette nuit encore, j'ai fait un songe, et quel était ce songe ! Il m'a semblé que j'entendais le coq chanter ; tout à coup, je me lève avec précipitation, j'appelle ma femme Ou-niang, pour aller avec elle dans la chambre de mon père et de ma mère, m'informer… J'étais éveillé pourtant, et j'avais oublié que Tchao Ou-niang n'était plus auprès de moi, qu'une nouvelle épouse…

L'entrée d'un domestique laisse, fort habilement, la pensée inachevée. Et cependant la malheureuse Tchao Ou-niang a vu mourir ses beaux-parents ; au tableau suivant, dans le cimetière, elle s'épuise à les ensevelir selon les rites. Et elle chante :

« Me voilà donc seule à ramasser de la terre humide dans cette demeure funèbre ! Il en tient si peu dans le pan de ma tunique de chanvre, que j'aurai de la peine à faire un tertre. Au milieu de ces sépultures silencieuses, je n'aperçois pas une créature vivante, pas un homme qui pleurerait sur la tombe de son père. Si je me livre à ces réflexions, ce n'est pas que je craigne la peine, la fatigue, mais hélas ! a-t-on jamais vu un fils manquer aux funérailles de ses parents ? Dira-t-on qu'on a fait trois fois le tour du cimetière ? Où est le devin qui a tiré les sorts et marqué la place où l'on devait creuser la fosse ? Je ne puis me défendre d'une idée, c'est que dans l'origine, Tsaï, que voici, a jeté lui-même le trouble dans notre maison. Ah ! mon beau-père, quand vous avez souhaité que votre fils cueillît la branche d'olivier, et prît place, dans le palais impérial, au festin des docteurs, vous ne songiez guère que vous hâtiez votre ruine ? Aujourd'hui votre servante vient seule, au milieu de ces peupliers qui s'élèvent aux nues et de ces plantes funéraires aux fleurs blanches et parfumées, inonder votre tombe de ses larmes. Ah ! à peine ai-je ramassé dix poignées de terre, comment pourrai-je élever un monument de quelques pieds de hauteur ? La sueur a pénétré mes vêtements et ruisselle. Oh ! malgré moi-même je forcerai les hommes à dire que Tchao Ou-niang a vraiment pratiqué la vertu. Ciel ! je me sens défaillir ; le courage m'abandonne ; mon corps, affaibli par les privations, est exténué de fatigue. Hélas ! je le crains bien, quand j'aurai achevé ce tertre funèbre, je ne survivrai pas longtemps à mon ouvrage. »

Elle s'endort de fatigue, et le génie de la montagne, ému, appelle à lui ses serviteurs, le singe blanc de la montagne du sud et le tigre noir de la prison du nord : par leur pouvoir, le tombeau s'achève en un instant.

* * *

XIII. ESPOIR

La musique chinoise est mélodique. Dans les ensembles, toutes les voix et tous les instruments y observent l'unisson, et s'il peut se trouver quelques ornements à telle partie, quelques notes en moins à une autre, ce sont là des variantes dont l'exécutant seul est responsable. Le contrepoint s'est développé dans le Sud : le Siam, le Cambodge et Java, qui ont reçu de la Chine la gamme sans demi-tons, et l'ont altérée à leur manière, en tirent de véritables symphonies, qui assemblent des formes différentes d'un même sujet, ici en valeurs longues, là en valeurs brèves par exemple, ou même des sujets distincts. La Chine s'est toujours gardée de ces entassements, où elle eût redouté de la confusion.

Elle connaît les accords, cependant. Tel de ses instruments, la cithare, ne joue qu'en octaves, comme la magadis des Ioniens. Le luth pratique la double et la triple corde, en prenant soin de ne terminer la strophe que par une octave, une quinte ou une quarte, qui jouent le rôle de notre accord parfait. Mais comme la musique chinoise ignore le contrepoint, elle ne conçoit pas que les accords puissent se commander l'un l'autre par une suite nécessaire : un accord est pour elle un enrichissement de la sonorité, dont le goût seul détermine la place. Autant que la musique des anciens Grecs elle ignore la cadence, et par suite toutes les règles de l'harmonie.

Elle n'a pas davantage développé la théorie des modes. C'est le Japon qui prescrit à ses mélodies le choix entre différentes dispositions d'intervalles ; et il forme ces séries par la combinaison de demi-octaves empruntées soit à sa gamme nationale, soit à la gamme chinoise. Ainsi les modes grecs sont nés de la rencontre des

XIII. ESPOIR

musiques dorienne, lydienne et phrygienne. La Chine n'a accepté la nouveauté étrangère que pour l'adapter à sa tradition. Les Mongols lui ont apporté les demi-tons, mais elle n'en a fait que des intervalles de passage, sans influence sur l'ordre ancien de sa gamme à cinq notes. Toujours pareille à elle-même, cette gamme n'a pas donné lieu à une diversité de modes bien sensible. Il importe peu qu'on la commence à tel ou tel de ses degrés, le ton et la tierce mineure, qui les séparent tour à tour, étant loin de s'opposer par un contraste tranché, comme le ton et le demi-ton de nos gammes. La mélodie chinoise n'est donc astreinte à aucune succession nécessaire ; elle erre à son gré parmi des notes qui d'avance ne sont pas réunies en groupes, et dont chacune est prise pour elle-même, comme un son, non comme un élément d'une série. C'est la hauteur absolue qui compte, et non, comme en Europe, la fonction.

Mais aujourd'hui notre musique, après un laborieux détour, parvient elle-même à un état purement mélodique : c'est le sentiment seul qui lui dicte ses accords, et, après avoir réduit les anciens modes à l'unique gamme majeure, elle l'abandonne à son tour, pour cueillir indifféremment ses notes parmi les douze que lui offre, à distances égales, la division chromatique de l'octave. Ce n'est pas qu'elle devienne chinoise : elle est trop savante pour cela. Elle bénéficie de la multitude d'accords que le contrepoint a rencontrés, que l'harmonie a inventés ; et elle emploie tous les liŭ à la fois, au lieu de se limiter à cinq. Elle est cependant mieux que jamais en état de comprendre et d'aimer sa sœur très ancienne. Il est fatal qu'elle lui communique sa richesse. La Chine est trop avisée pour dédaigner aucune des inventions européennes. Déjà nos pianos et nos violons s'y répandent. Bientôt elle aura, comme le Japon, des écoles de musique, des conservatoires. Il ne faut pas s'effrayer de ce progrès. La musique d'Europe aujourd'hui ne possède plus ce pouvoir destructeur que lui donnaient des principes rigoureux. Elle ne traite plus avec morgue les races assez malheureuses pour ignorer la vérité diatonique et majeure. Elle n'apporte pas de dogme ; elle n'exige pas de conversions ; elle ne fait pas de croisades. Prête à s'instruire elle-même aux pays qu'elle visite, elle donne sa science en échange de pensées et de sensations nouvelles. Elle laissera la Chine libre de se faire, avec nos notes et nos accords, une musique toujours chinoise par la modération, le calme et la douceur ; trop heureuse d'apprendre elle-même, à l'entendre, ses vertus.

Et ce qui est vrai de la musique européenne sera vrai aussi de l'Europe : tel est l'espoir.

ILLUSTRATIONS

1. Cortège religieux
Images et éloges des Immortels.
Musée Cernuschi.

2. Ancienne cloche chinoise.
Musée Cernuschi.

3. Ancienne cloche chinoise.
Musée Cernuschi.

ILLUSTRATIONS

4. Instruments de musique
Eûl-yà.

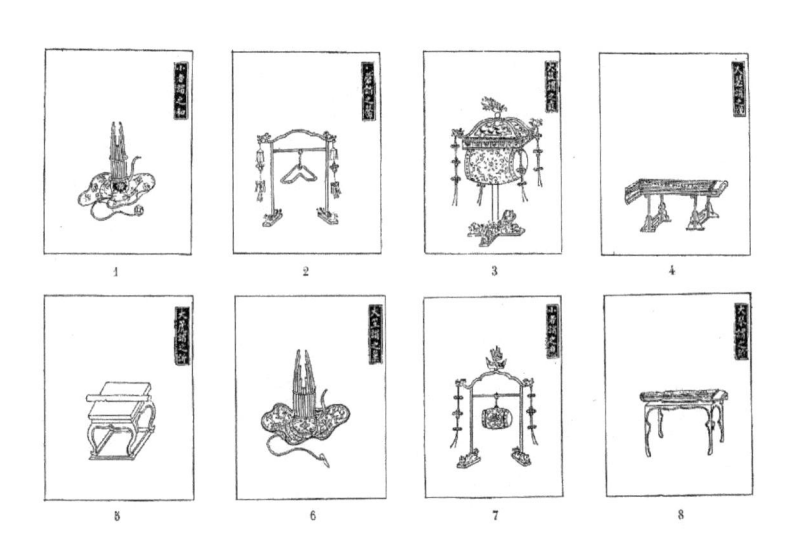

5. Instruments de musique
Eûl-yà.

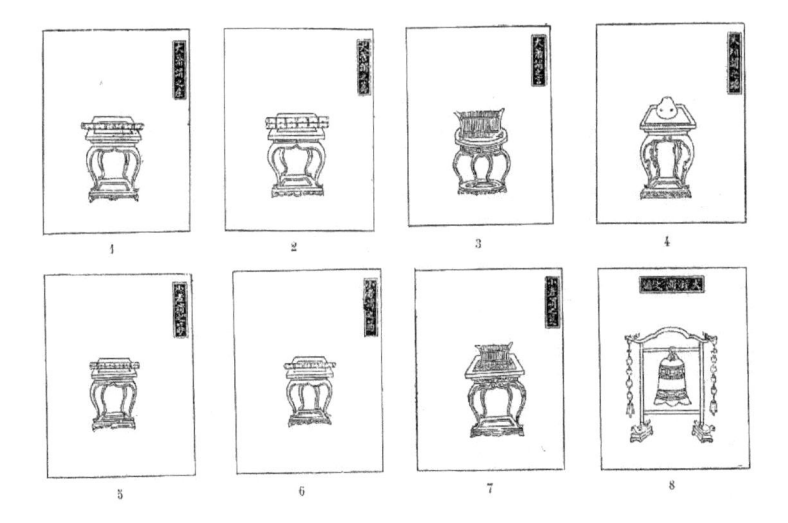

75

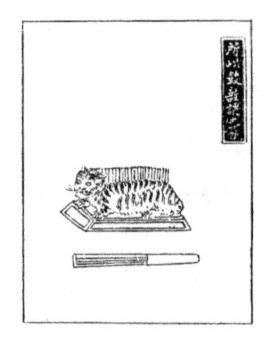

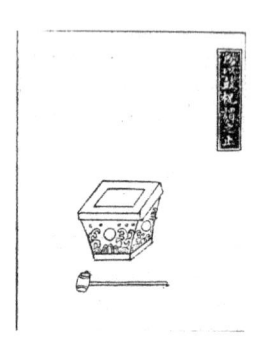

9

10

6. Lettré jouant de la flûte traversière.
Portraits et histoire des fameux personnages.
Musée Cernuschi.

7. Divinité jouant du luth monocorde.
Images et éloges des Immortels.
Musée Cernuschi.

ILLUSTRATIONS

8. Accord du luth.
Introduction à l'étude du luth.

9. Positions des mains pour l'accord du luth.
Introduction à l'étude du luth.

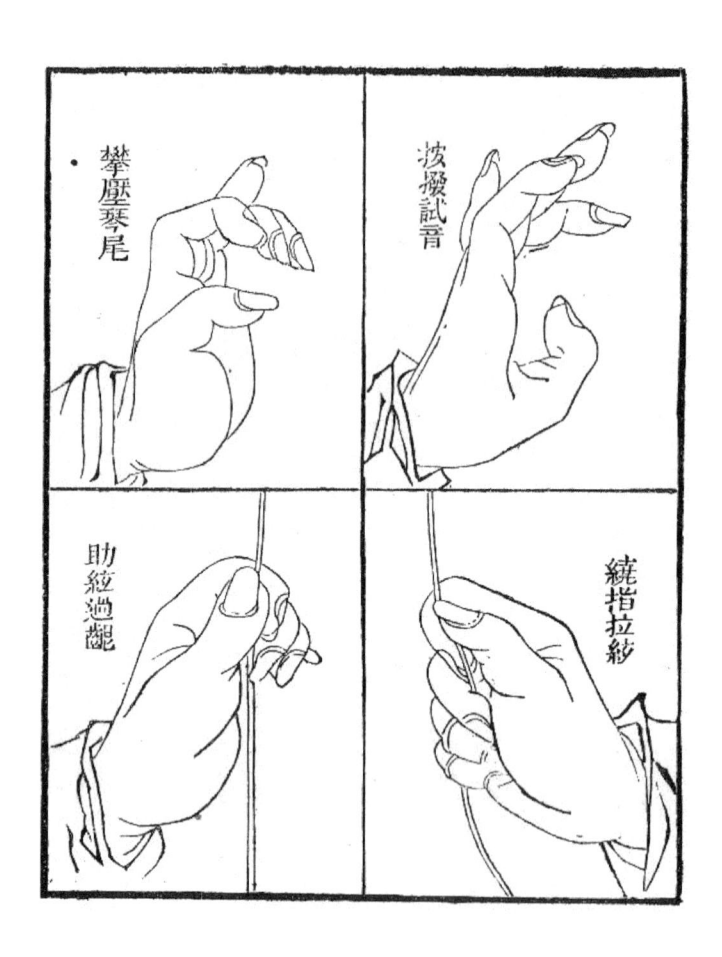

10. Hymne noté.
Chants du palais impérial.

11. Tablature et Joueur de luth.
Méthode de luth. Introduction à l'étude du luth.

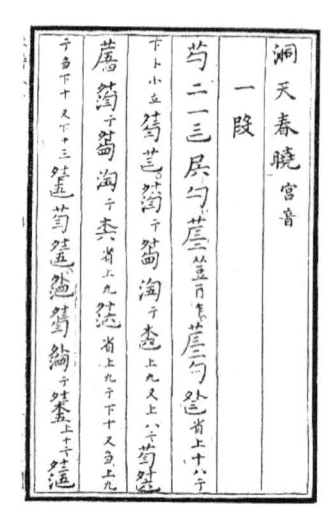

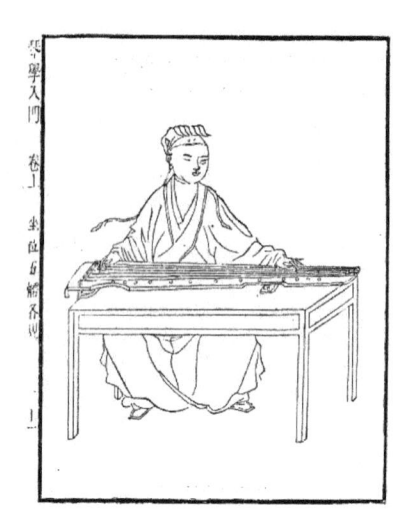

12. La guitare.
Chansons cantonaises.

13. Mélodies notées.

Les points au-dessus des portées
Marquent les coups de tambours et de castagnettes.

1

Entrée au temple de Confucius [1].
(page 85).

2

Hymne à Confucius.
(page 86).

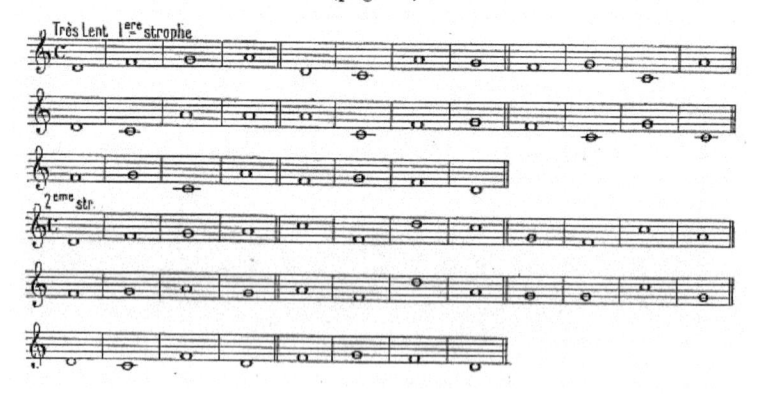

14. Mélodies notées.

Les points au-dessus des portées
Marquent les coups de tambours et de castagnettes.

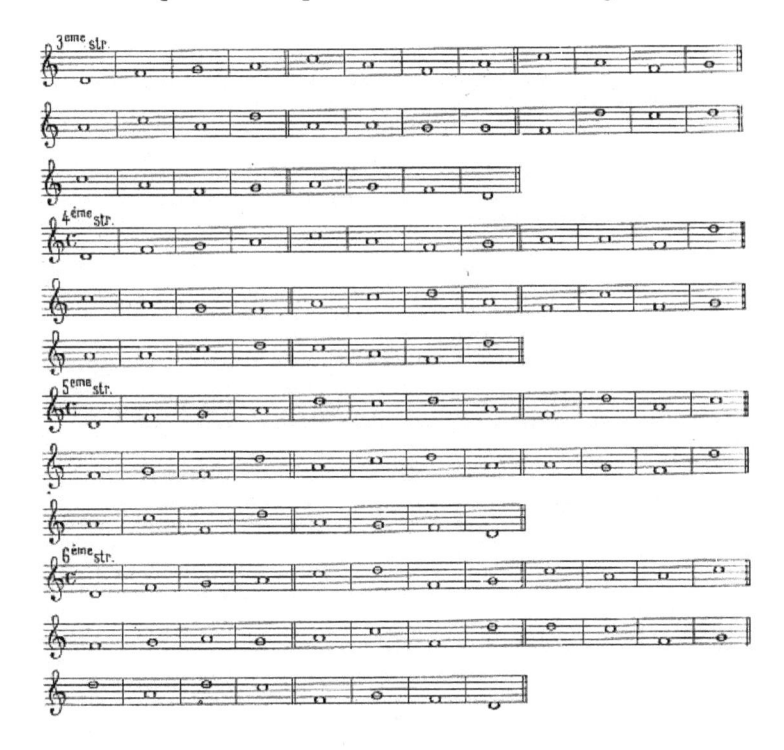

3

Chant en l'honneur de l'empereur.
(page 91).

15. Mélodies notées.

4. Les barres séparent des phrases, non des mesures. On a dû renoncer à transcrire les agréments du luth qui n'ont pas d'équivalent dans notre notation.

4

Au ciel, l'aurore de printemps [1]
(page 96).

5

Marche nuptiale [2]
(page 100).

6

Marche funèbre [3]
(page 100).

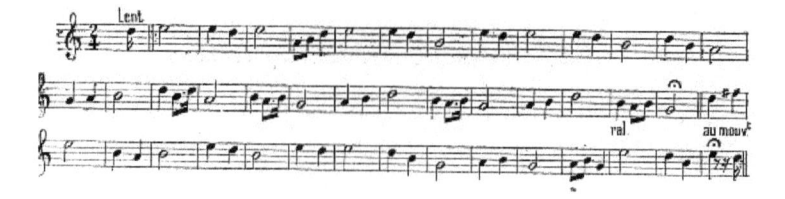

16. Mélodies notées.

5, 6, 7, 11 : Van Aalst, *Chinese Music*, p. 42, 46, 46, 36.

8, 9, 10 : China (*Imperial maritime customs*), III, p.169, 165, 168

7

Fleur de fumée[1].
(page 102).

8

Le miroir brisé[2].
(page 102).

17 Mélodies notées.

11 : Les reprises ont été marquées sur l'indication d'un Chinois de Pékin.

9

La femme du soldat [1].
(page 103).

10

La veuve [2].
(page 103).

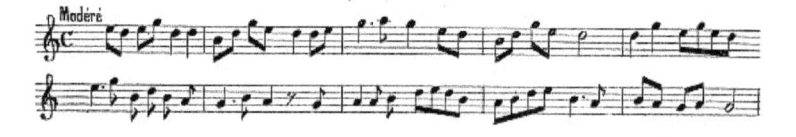

11

Madame Wang [3].
(page 109).

ISBN : 978-2-37976-289-5